Jacqueline Zakpaa

O significado da liderança para os indivíduos

Jacqueline Zakpaa

O significado da liderança para os indivíduos

ScienciaScripts

Imprint

Cover image: www.ingimage.com

This book is a translation from the original published under ISBN 978-3-659-80985-9.

Publisher:
Sciencia Scripts
is a trademark of
Dodo Books Indian Ocean Ltd. and OmniScriptum S.R.L publishing group

120 High Road, East Finchley, London, N2 9ED, United Kingdom
Str. Armeneasca 28/1, office 1, Chisinau MD-2012, Republic of Moldova, Europe
Printed at: see last page
ISBN: 978-620-8-13263-7

ÍNDICE

AGRADECIMENTOS

Os frutos de um esforço de colaboração são mais profundos e satisfatórios do que uma busca individual, e esta dissertação foi o resultado deste tipo de cooperação.

Gostaria de expressar a minha mais sincera gratidão à Universidade de Glamorgan, no Sul do País de Gales, Reino Unido, por me ter oferecido a oportunidade de me tornar seu aluno em 2007, para me desenvolver académica e socialmente.

Agradeço aos meus professores e ao pessoal da Business School, bem como a todos os outros funcionários da Universidade de Glamorgan, por todos os seus serviços, que foram muito apreciados. Agradeço também, de uma forma muito especial, o apoio e a orientação da minha supervisora, a Dra. Jocelyn Finniear, que me guiou na realização deste estudo. Sem o seu esforço, tempo e paciência, esta investigação não teria visto a luz do dia.

Agradeço também abundantemente ao Takoradi Polytechnic e ao seu reitor, Dr. Samuel Obeng Apori, pelo patrocínio para estudar no estrangeiro e por me ter concedido acesso à instituição para a minha investigação. Ao pessoal do Politécnico de Takoradi que aceitou participar nesta investigação, agradeço e rezo para que Deus continue a abençoar-vos ricamente pela vossa contribuição para esta investigação. Além disso, exprimo a minha gratidão à minha família pelo seu encorajamento, apoio e orações. Agradeço sinceramente a todos os meus amigos e, em especial, aos professores que encontrei nos vários níveis da minha educação, pelo seu inestimável esforço de formação e inspiração.

Finalmente, gostaria de dedicar esta dissertação à minha mãe, Sra. Philomena Zakpaa, e ao meu falecido pai, Sr. Basilide Zakpaa, pelos seus sacrifícios e esforços incansáveis para garantir que eu recebesse educação. Obrigado por lembrarem constantemente aos meus irmãos e a mim próprio o valor da educação formal. A Deus, pois, toda a glória e toda a honra, pela sua generosa misericórdia e graça, que me mantiveram vivo até à conclusão desta investigação, ámen!

CAPÍTULO 1

INTRODUÇÃO

Nas ciências sociais, a liderança é um conceito que tem sido amplamente investigado (Endrissat, Mueller & Meissner, 2005), sendo um fenómeno que afecta os indivíduos, várias matérias essenciais nas organizações e a sociedade em geral (Bolden, 2004). A liderança é o principal motor do sucesso dos indivíduos, das organizações, dos sectores, das regiões e dos países (Bolden, 2004), porque é crucial para a competitividade organizacional e para a consecução dos objectivos organizacionais, com base na gestão eficiente de todos os recursos organizacionais, e na provisão de direção e visão para o futuro (Dufour & Steane, 2006).

Atualmente, a liderança diz respeito sobretudo à gestão e à condução da mudança (Dulewicz & Higgs, 2005). Ford e Harding (2007) sublinham este ponto de vista ao afirmarem que a maior parte da literatura sobre gestão e políticas organizacionais subscreve atualmente o ponto de vista de que a liderança, e não a gestão, é vital para o desempenho das organizações. Contrariamente, Kets de Vries (1995, p.8) defende que tanto a liderança como a gestão são essenciais, uma vez que um gestor desprovido de capacidades de liderança não passa de um "burocrata e visionário" que não tem capacidade para implementar uma visão e, como resultado, uma organização pode ser induzida em erro.

[st]A liderança também se está a tornar rapidamente um remédio universal para um desempenho eficiente no século XXI, embora o tema da liderança não seja um fenómeno atual, pois há vários séculos que é uma questão candente, mesmo para os antigos filósofos gregos como Sócrates e Platão, incluindo os inúmeros livros escritos por especialistas em gestão e liderança (Bolden, 2004). Mais uma vez, a teoria da liderança é um tema que tem sido abordado nos escritos das primeiras civilizações por pessoas como Confúcio (500 a.C.), Plutarco e César (As-Sadeq & Khoury, 2005). Enquanto conceito, a liderança é um "fascínio" (Gleeson & Knights, 2008, p.51) que não tem um significado exato (Alimo-Metcalfe & Lawler, 2001). Enquanto algumas organizações tentaram explicar o significado da liderança, outras limitaram-se a enumerar as capacidades que os líderes devem possuir; algumas também esperam que os indivíduos dentro das organizações definam o que é a liderança (Alimo-Metcalfe & Lawler, 2001). Os primeiros significados de liderança centraram-se na capacidade de uma pessoa influenciar e motivar outras pessoas num grupo, a fim de alcançar alguns objectivos organizacionais pré-determinados, para a eficiência organizacional (Katz &

Kahn, 1996; House, Hanges, Javidan, Dorfman & Gupta, 2004).

Liderar implica posicionar-se na linha da frente dos seguidores, a fim de os conduzir numa direção específica (Jordan, 1973). A orientação da liderança é determinada pelos objectivos e propósitos de uma organização, e espera-se que os líderes comuniquem claramente esses objectivos que geram percepções (Jordan, 1973). Apesar destas afirmações, Bolden (2004, p.4) afirma que o significado exato de liderança "permanece um mistério", e que a dificuldade em dar uma definição específica de liderança pode ser atribuída ao facto de a liderança, tal como outros conceitos abstractos como a liberdade e o amor, ser "uma construção complexa" que permite às pessoas defini-la a partir dos seus pontos de vista pessoais. Além disso, o autor defende que cada pessoa tem uma "compreensão intuitiva" individual do que é a liderança, pelo que outras pessoas definem a liderança a partir do seu ponto de vista teórico, e que estas diferentes noções sobre a liderança culminarão definitivamente numa variedade de opiniões sobre a sua natureza. Além disso, Gleeson e Knights (2008) afirmam que a liderança é indefinível. Consequentemente, Limsila e Ogunlana (2008) salientam que, enquanto algumas pessoas vêem a liderança em termos de acções, traços, estatuto, caraterísticas, dever, um procedimento de influência, um meio de atingir um objetivo, outras pensam que é um procedimento social que surge das interações dos membros de um grupo. Alimo-Metcalfe e Lawler (2001, p. 389) afirmam que a perceção sobre a natureza elusiva da liderança é captada na crença generalizada de que "a liderança é algo que é como a beleza nos olhos de quem vê" e, portanto, não pode ser definida". Pelo contrário, Ricketts e Ladewig (2008, p. 140) definem a liderança como algo que não implica o controlo dos outros, nem tem a ver com o que se faz aos liderados, e também não tem a ver com a posição "assumida" por um indivíduo. Assim, os autores afirmam ainda que a liderança é uma relação que envolve uma influência mútua tanto dos líderes como dos seus seguidores. Relativamente a quem é um indivíduo, Spender (2008, p.101) define o "indivíduo humano, como a interação prática da razão e da imaginação", sendo que a singularidade de um indivíduo advém das suas "imaginações".

Para além disso, Cluley (2008, pp. 203-204) argumenta que a maioria dos debates sobre as teorias da liderança são recorrentemente centralizados apenas no líder. Além disso, Janson (2008) insiste que as pessoas entendem a liderança a partir de uma perspetiva pessoal. Além disso, Endrissat, Mueller e Meissner (2005) afirmam que a maioria das teorias de liderança mais importantes se baseiam no trabalho de académicos americanos cujos princípios e crenças podem ser diferentes dos de outros indivíduos em contextos sociais distintos. Com base nestes pontos de vista sobre a indefinição do que é realmente a liderança e nos contextos distintos em que estas conclusões foram obtidas, parece haver uma lacuna em relação ao significado de liderança para os indivíduos no Politécnico de Takoradi, uma vez que nunca foi investigado empiricamente. Por conseguinte, este estudo espera preencher essa lacuna explorando o significado da liderança para os indivíduos (ou seja, o pessoal académico e administrativo) no Politécnico de Takoradi, a fim de compreender o seu modelo de liderança e determinar se a sua compreensão da liderança se baseia no que os líderes são (ou seja, as suas caraterísticas), fazem (ou seja, o seu comportamento) e como o fazem (ou seja, os estilos de liderança). Consequentemente, a exploração das perspectivas individuais sobre o significado da liderança permitirá aos actuais e futuros líderes da Takoradi Polytechnic adaptar novos modelos, práticas e comportamentos de liderança que melhor se ajustem às expectativas dos liderados, com base na forma como estes indivíduos percepcionam a liderança, de modo a suscitar a sua cooperação e empenho, a fim de melhorar o desempenho organizacional e a consecução dos objectivos individuais e organizacionais.O conhecimento das percepções dos indivíduos sobre a liderança na Takoradi Polytechnic, e os factores que influenciam essas concepções, também ajudará os líderes a identificar os seus pontos fortes e fracos, para além da criação de oportunidades para os líderes actuais e futuros da instituição alinharem as suas práticas cruciais de gestão de recursos humanos com os objectivos estratégicos da organização. Isto pode, eventualmente, resultar no acréscimo de valor para a organização, proporcionando uma liderança eficiente ao seu recurso-chave, ou seja, os seus recursos intelectuais, cujas expectativas devem ser satisfeitas de uma forma ou de outra, para alcançar um desempenho eficaz (Simmons, 2002).

1.0 Contexto da investigação

1.1 Politécnico de Takoradi

A Takoradi Polytechnic (T-Poly) está situada na região ocidental do Gana, na África Ocidental. Foi fundada em abril de 1954 como Instituto Técnico Público e passou a fazer parte das instituições de segundo ciclo do Gana em 1965. Durante este período, ministrou cursos ao nível do certificado de artesão e de técnico, em disciplinas comerciais e técnicas, sob a direção do Serviço de Educação do Gana, durante cerca de quarenta anos. Na sequência das reformas educativas iniciadas em 1980 pelo Estado, foi promulgada em 1992 a Lei do Politécnico (Lei PNDC 321,1992) e o Politécnico foi promovido a instituição terciária com cinco outros politécnicos (atualmente são dez), para se juntar ao sistema de ensino terciário do Gana. A instituição começou então a oferecer programas de Diploma Nacional Superior no domínio da manufatura, comércio, ciência, tecnologia, ciências sociais aplicadas e artes aplicadas, no ano letivo de 1992/93.

A implementação destas reformas significava que o Politécnico de Takoradi e outros politécnicos irmãos deviam complementar as tarefas das universidades, melhorando o acesso ao ensino superior para a formação de mão de obra de nível médio e superior, e promover o ensino e a investigação, especialmente em programas técnicos. A alteração do estatuto do Politécnico implicava a necessidade de uma nova geração de dirigentes para gerir a instituição. Até agora, o Politécnico era dirigido e composto por pessoas que possuíam o primeiro grau, para além de outras qualificações profissionais. No entanto, nas circunstâncias actuais, apenas indivíduos com o grau de Doutor em Filosofia e professores podem dirigir a instituição. Sendo uma instituição académica de nível superior, a qualificação mínima do seu pessoal é o grau de mestre em diversas áreas de estudo. O número de funcionários que possuem o doutoramento está também a aumentar, enquanto uma maior proporção do pessoal de apoio possui o primeiro grau ou outros certificados ou diplomas profissionais. Como instituição pública, tem um sistema burocrático de gestão, e o Politécnico está dividido em quatro escolas com dez departamentos académicos. As escolas são dirigidas por reitores, enquanto os departamentos académicos são controlados por chefes de departamento (Takoradi Polytechnic Corporate Strategic Plan, maio de 2005).

1.2 Finalidade e objectivos da investigação e pergunta de investigação

O principal objetivo desta investigação é explorar o significado de liderança para os indivíduos na T-Poly. Os objectivos derivados do objetivo principal desta investigação incluem explorar se a perceção da liderança se baseia no seguinte

1. O que são os líderes, ou seja, as suas qualidades ou traços

2. O que os líderes fazem; comportamento

3. E a forma como o fazem é o estilo de liderança

As questões de investigação que decorrem destes objectivos são as seguintes

- O primeiro objetivo será abordado através das seguintes questões de investigação:

- O que distingue os líderes dos não-líderes?

- *Como é que alguém se torna um líder?*
- *A liderança pode ser aprendida?*

- O segundo objetivo acima referido será abordado com as seguintes questões:

- *Em que consiste a liderança?*
- *Quais são as funções ou responsabilidades dos líderes?*
- *Quais são algumas das coisas que espera que os líderes façam quando lideram?*

- O último objetivo acima referido será tratado através das seguintes questões;

- *A liderança consiste em saber como liderar pessoas?*
- *Como devem os líderes orientar as pessoas para um melhor desempenho e para a realização dos objectivos organizacionais?*

CAPÍTULO 2

REVISÃO DA LITERATURA

2.0 Introdução

O Capítulo 2 baseia-se numa revisão crítica e exaustiva da literatura existente sobre liderança, em especial da literatura sobre a forma como os indivíduos entendem a liderança.

2.1 Teorias tradicionais de liderança

Enquanto alguns teóricos da liderança entendem a liderança como os traços possuídos por alguns indivíduos (embora os investigadores sobre liderança nos anos 50 tenham renunciado a esta perceção, ela está atualmente a ressurgir), outros consideram a liderança como uma mistura de competências que devem ser obtidas e utilizadas (Alimo-Metcalfe & Lawler, 2001). Mais uma vez, a investigação sobre liderança, especialmente em psicologia aplicada e gestão, também se afastou de a definir como um comportamento e concentrou-se em defini-la como uma relação ou uma atividade, apesar de a maioria dos estudos sobre liderança ainda se centrar nas caraterísticas, estilos, influência e teorias de contingência, numa tentativa de determinar o que faz de alguém um líder eficaz (Ospina & Schall, 2001). [th]Além disso, as teorias acima referidas emanam dos princípios e crenças de organização que prevaleciam no mundo industrial do século XX (Ibid). Estas teorias de liderança eram orientadas para a gestão, tendenciosas para os homens, "personalistas" e concentravam-se principalmente no líder e na consecução de objectivos (Ospina & Schall, 2001, p.2), em oposição às teorias de liderança pós-industriais que se baseavam na seguinte ética: trabalho de equipa, bem comum, multiculturalismo, estruturas organizacionais planas, centralização no cliente, liderança participativa e tomada de decisões (Rost, 1993)

2.1.1Teoria dos traços

A teoria dos traços deriva da teoria do grande homem e centra-se nos atributos que diferenciam os líderes dos não-líderes (Bass, 1990). Acreditava-se que estes traços eram herdados e que eram exclusivos dos líderes, que se dizia terem nascido (Jacques, Garger & Thomas, 2008). A teoria dos traços centra-se em algumas caraterísticas distintivas dos líderes eficazes, que incluem: inteligência, conhecimento, honestidade e auto-confiança, entre outras (As-Sadeq & Khoury, 2005). Investigadores como Stogdill (1948), que estudaram 124 trabalhos sobre a teoria dos traços, afirmaram que, embora esta teoria seja fraca e inconsistente, os líderes ultrapassam, no entanto, os outros em numerosos traços, incluindo a inteligência, a educação, a fiabilidade, o envolvimento social e a posição. Mais uma vez, Kirkpatrick e Locke (1991, p.51) afirmam que os líderes eficazes são proactivos e "tomam medidas que conduzem à mudança", são mais persistentes, como foi o caso do fundador da Wal-Mart, e que as pessoas esperam normalmente que outros mais competentes do que elas as liderem. Os autores defendem ainda que o conhecimento de um sector e o know-how técnico são caraterísticas que podem ser aprendidas através de formação formal e da experiência. Contrariamente, Spender (2008) contesta que a teoria dos traços, para além da sua afirmação de que os líderes são dotados de capacidades que lhes permitem oferecer liderança em qualquer situação, é imperfeita pela sua concentração apenas nos atributos dos líderes, ignorando os traços dos seguidores que também contribuem para uma liderança bem sucedida. As caraterísticas dos liderados que são relevantes para uma liderança eficaz incluem as qualidades que aumentam a sua capacidade de compreender o objetivo da liderança e a sua vontade de colaborar e não minar os esforços dos líderes (Gleeson & Knights, 2008). Assim, a diferença entre os líderes e os seus seguidores, de acordo com os autores, inclui o seguinte: o seu atrativo, a sua posição, as suas competências interpessoais e de grupo e a sua autoridade, que são conferidas aos líderes e que lhes permitem exercer mais influência sobre os seus seguidores do que estes últimos.

Argumenta-se também que a liderança bem sucedida se baseia na posse de certas competências e capacidades que podem ser associadas à personalidade de um líder, pelo que Goffe e Jones (2000) insistem que a liderança é uma combinação de competências e de ser você mesmo. No entanto, Elliot e Stead (2008) afirmam que a liderança, tal como concebida pelas teorias pós-heróicas, é relacional, distributiva, partilha de poder e assegura o desenvolvimento dos liderados. Além disso, Higgs (2003) argumenta que a conceção de liderança como um "paradigma de criação de sentido" emana da consideração da liderança como personalidade ou da posse de competências específicas, que Bolden (2004, p.15) caracteriza como "competências transversais", inovação, criatividade, empreendedorismo, assunção de riscos e reconhecimento de oportunidades. Pelo contrário, Gleeson e Knight (2008, p.50) contestam esta afirmação, alegando que esta perceção de liderança deu lugar a uma que é flexível, "liderança centrada no cliente no futuro".

Spender (2008, p.99) também refuta a teoria dos traços com base no facto de que o que a liderança é e realiza depende das "incertezas e contingências" específicas que tipificam o contexto que está a ser examinado, e não que ser líder significa possuir a capacidade de liderar em todo e qualquer contexto. Justapondo a liderança institucional à teoria dos traços, Williams (2007), a partir de um estudo com doze diretores urbanos excepcionais e oito diretores médios de escolas (ou seja, organizações sem fins lucrativos) nos Estados Unidos da América (EUA), postulou que a liderança instrucional era necessária neste contexto, porque serve como um meio de atingir objectivos académicos, através da prática da liderança da mudança, a fim de permitir que estes líderes académicos liderem as reformas educativas. Os líderes institucionais são considerados por Williams (2007) como líderes transformacionais e não transaccionais, que proporcionam uma liderança diversificada que engloba a liderança empresarial e a coordenação das suas instituições para a consecução de objectivos, em vez de recorrerem à prática da gestão das suas instituições como meio de obter resultados. Mais uma vez, este último defende também que os resultados da investigação, que se concentraram basicamente nas técnicas, papéis e acções bem sucedidas dos diretores bem sucedidos, e não nas suas caraterísticas, relacionam o desempenho académico dos alunos, a atitude, a taxa de abandono escolar dos alunos, a atitude do pessoal, com a liderança e as atitudes dos diretores. O ponto de vista anterior é coerente com a convicção de Leithwood, Louis, Andersen e Wahlstrom (2004) de que as competências essenciais dos diretores eficazes incluem a orientação, a formação das pessoas e a reestruturação das organizações. Assim, Bolden (2004) defende que, apesar de todas as fragilidades da teoria dos traços, esta pode ser muito relevante quando se procura identificar ou empregar um líder.

2.1.2Abordagem comportamental

De acordo com Jacques et al. (2008), a teoria comportamental da liderança afirma que os líderes eficazes combinam vários estilos de liderança e não apenas um, e a base para avaliar os líderes nesta teoria é a sua preocupação com a tarefa e a preocupação com as pessoas (Stogdill, 1974), especialmente no que diz respeito às suas necessidades individuais e à sua motivação para atingir objectivos (Maslow, 1943), incluindo o pioneirismo de ideias pela liderança (Elliot & Stead, 2008). Além disso, Endrissat et al., (2005) afirmam que um líder precisa de ter uma relação pessoal e emocional com a tarefa, para o seu próprio bem-estar, uma vez que isso é crucial para moldar a conceção das pessoas sobre se um líder está a liderar ou apenas a realizar processos profissionais, como exemplificado pelos gestores que estudaram em empresas selecionadas nas regiões de língua alemã da Suíça, que valorizavam as relações pessoais dentro de sistemas organizacionais formais. Além disso, Ospina e Schall (2001) sublinham que a liderança é basicamente um assunto social coletivo.

Na opinião de As-Sadeq e Khoury (2005), a teoria comportamental da liderança, que se centra no que os líderes fazem, descreve a liderança como algo que pode ser aprendido através do ensino e que os líderes podem ser criados e não nascidos, como acreditam os teóricos dos grandes líderes. A teoria acima referida afirma que, ao contrário da personalidade, o comportamento pode ser ensinado e alterado através da formação, embora os behavioristas não tenham conseguido indicar quais são os componentes dos comportamentos bem sucedidos em vários contextos (Bolden, 2004). Os comportamentalistas também insistem que a aprendizagem da liderança tem lugar através da abordagem ao longo da vida, que inclui a oportunidade de passar por experiências formais, informais e pessoais de liderança, incluindo a aprendizagem a partir de acontecimentos passados na vida de cada um (Avolio & Gibbons, 1998, citado em Janson, 2008). No entanto, Shamir e Eilam (2005) afirmam que a técnica das histórias de vida, que se baseia nas autobiografias publicadas de líderes, incluindo a forma como as pessoas aprendem com as suas experiências, sublinha que as experiências de liderança formativa, por si só, pouco podem fazer se esses líderes não derem sentido às suas experiências, que podem mais tarde utilizar para formar novos líderes.

Em contradição com o ponto de vista anterior, e com base numa investigação efectuada no Instituto Nacional de Liderança em Saúde Pública da Carolina do Norte, nos Estados Unidos da América, por Miller, Umble, Frederick e Dinkin (2007), estes autores sublinharam que os múltiplos métodos de aprendizagem melhoraram os conhecimentos declarativos e processuais, o que resultou numa mudança das práticas de liderança. Assim, a partir de textos, palestras (ou seja, conhecimentos declarativos) e aprendizagem pela ação (ou seja, conhecimentos processuais), os participantes que eram líderes adquiriram mais confiança, competências e conhecimentos sobre liderança colaborativa; competências de comunicação; lidar com responsabilidades novas e diversificadas, como dirigir novos grupos de trabalho ou trabalhar em comités nas suas organizações, e liderar com muita competência (Ibid).

Contrariamente ao consenso existente na literatura de que as experiências de liderança são a principal fonte de formação de líderes (Avolio, 1999, 2005; Day, 2000), e que são também a pedra angular da liderança autêntica, ou seja, dos líderes que actuam de acordo com os seus valores, desenvolvidos a partir de experiências passadas, Trautmann, Maher e Motley (2006, p. 273) advertem que "a experiência é um professor escorregadio" e que os líderes inteligentes e muito entusiastas actuam de acordo com os seus valores, desenvolvidos a partir de experiências passadas, Trautmann, Maher e Motley (2006, p. 273) advertem que "a experiência é um professor escorregadio" e que os indivíduos inteligentes e muito entusiastas são aprendizes mal sucedidos da experiência, especialmente os profissionais inteligentes e académicos que são escolhidos para serem rapidamente transformados em líderes. Consequentemente, os investigadores propõem antes que a aprendizagem de ciclo simples seja adequada para estes líderes profissionais, uma vez que o sucesso prematuro pode impedir a aprendizagem de ciclo duplo, o que significa aprender com a experiência (Argyris, 1991).

2.1.3Teorias da Contingência

De acordo com as teorias da contingência, o contexto organizacional, as pessoas, a tarefa e alguns factores ambientais determinam os estilos de liderança e os comportamentos, como o do líder centrado no objetivo, que orienta os seguidores para atingirem objectivos vitais e metas de desempenho (Fiedler, 1964; Hersey & Blanchard, 1993), porque a liderança atualmente tem sobretudo a ver com gestão, liderança e mudança (Dulewicz & Higgs, 2005). Neste sentido, a literatura sobre liderança postula que a liderança transformacional depende do contexto e que um ambiente turbulento dá origem a revolucionários, cuja visão tem de ser executada para garantir a existência das suas organizações (Beugre, Acar & Braun, 2006). Os autores também afirmam que ambientes razoavelmente estáveis produzem líderes transformacionais que são reformadores ou líderes orientados para o crescimento, cujos seguidores têm uma maior recetividade. Os ambientes estáveis também podem alimentar líderes transgressores-transformacionais, que têm de lutar ou desafiar as estruturas prevalecentes (Ibid).

Os teóricos da liderança situacional, tais como Hersey, Blanchard e Johnson (1996), Hersey e Blanchard (1993), eram de opinião que a liderança bem sucedida é reforçada se um gestor adotar o estilo de liderança que corresponde à preparação e capacidade dos seguidores, a fim de aumentar a sua satisfação e desempenho. No entanto, Pinto, Thomas, Trailer, Palmer e Govekar (1998) defendem que qualquer pessoa pode melhorar a sua liderança através da sua preocupação com as pessoas ou com a tarefa. Os teóricos contemporâneos da liderança comunitária também afirmam que, apesar dos pontos de vista dos teóricos situacionais, uma liderança comunitária rural impactante e estável, por exemplo, como evidenciado por uma investigação na Florida, baseia-se na gestão constante da comunidade e no seu padrão de liderança (Ricketts e Ladewig, 2008).

2.2 Estilos de liderança

As-Sadeq e Khoury, (2005) argumentam que foram os behavioristas que consideraram a liderança como um estilo e que os líderes eficazes utilizam uma combinação de estilos de liderança, em vez de dependerem de um único estilo para obter os resultados esperados dos liderados, num determinado contexto. Assim, o comportamento de um líder serve de base para prever o seu desempenho. Os teóricos do comportamento avaliam os líderes comportamentais com base na sua preocupação com a tarefa e com as pessoas (Stogdill, 1974). No entanto, esta conceção de liderança limita a diversidade da liderança, no sentido em que, na opinião de Elliot e Stead (2008, p. 159), a liderança não se limita a liderar pessoas, mas é frequentemente "pioneira" e pode incluir "a liderança de ideias... e a representação de questões".

2.2.1 Liderança transacional

A liderança transacional consiste basicamente em relações de troca recíprocas (Blau, 1964), e algumas das suas caraterísticas são as seguintes: sistema de recompensa contingente, que os líderes utilizam para recompensar os subordinados de acordo com a capacidade destes últimos de atingirem os objectivos de desempenho (Blau, 1964). Estes líderes também definem as expectativas e ajudam aqueles que tentam trabalhar. O líder transacional passivo de gestão por exceção não indica objectivos de desempenho, nem clarifica as expectativas ou os acordos com os liderados, apenas se envolve quando os desafios particulares se tornam óbvios (Limsila & Ogunlana, 2007). Esta última perceção de liderança pode ser considerada, até certo ponto, inadequada, uma vez que Chen (2004) esclarece que é essencial que os líderes avaliem o nível de preparação dos liderados, antes de escolherem um estilo de liderança adequado. O ponto de vista de Chen é coerente com a afirmação de As-Sadeq e Khoury (2005) de que a escolha e a eficácia dos vários estilos de liderança dependem do local onde são utilizados, tal como evidenciado na sua investigação. Assim, descobriram que a liderança transacional era detestada nas instituições industriais palestinianas, pois provocava muito descontentamento e resultados ameaçadores para o desempenho geral das organizações. Investigadores como Ghobadian, Gallear, Viney e O'Regan (2007) também defendem que vários factores, incluindo o estilo de liderança, determinam a adequação e a perspetiva de um resultado favorável de qualquer sistema de gestão, e não apenas a mera dependência do estilo de liderança transacional. Outros investigadores também reconhecem que o ambiente externo da maioria das organizações não só é dinâmico e instável, como também afecta as organizações, o que exige a adoção de estilos de liderança adequados que possam ser utilizados para mobilizar eficazmente os recursos internos de uma organização para os alinhar com as mudanças, a fim de garantir a sobrevivência dessa organização (Asheghian & Ebrahimi, 1990; Burnes, 2004).

2.2.2Liderança Laissez-faire

A literatura analisada sugere que o modo de liderança laissez-faire não é muito popular (Oshagbemi & Ocholi, 2006). Numa investigação efectuada por Oshagbemi (2004, p.19) no Reino Unido, foi revelado que os gestores consideram o estilo de liderança laissez-faire como uma "abdicação da responsabilidade de gestão/liderança". Além disso, Pounder (2008) refere-se a este estilo de liderança como uma falta de transação. A liderança laissez-faire é sinónimo de descontentamento e ineficiência, uma vez que estes líderes se esquivam a assuntos essenciais quando estes acontecem, uma vez que também são conhecidos por se esquivarem à tomada de decisões, que, além disso, evitam desenvolver relações com os seus subordinados (Deluga, 1992). Apesar de todas as concepções negativas do estilo de liderança laissez-faire, a sua utilização também pode produzir resultados positivos, tal como evidenciado pela investigação de Limsila e Ogunlana (2007) sobre os estilos de liderança dos gestores de projectos na Tailândia, que mostrou que a eficácia da liderança era melhor alcançada quando um líder utilizava o comportamento de liderança laissez-faire, apesar de este ser pouco utilizado pelos gestores envolvidos no seu estudo.

2.2.3Liderança transformacional

A teoria da liderança transformacional foi iniciada por Burns (1978), que considera que a liderança transformacional aumenta o grau de moral e motivação tanto dos líderes como dos seus subordinados. Segundo ele, a investigação provou que o aumento da produção, a redução do número de rotatividade dos trabalhadores, o aumento do nível de satisfação no trabalho e a motivação são o resultado deste estilo de liderança (Clover,1990; Deluga,1992; Marshall et al., 1992; Masi & Cooke, 2000).

O modelo de liderança transformacional concentra-se mais naquilo que um líder alcança do que nos traços distintivos de um líder (Beugre et al., 2006). Os dois tipos de líderes transformacionais são o reformador, que visa uma mudança que não desestabiliza o status quo e as práticas existentes, e o revolucionário, que deseja "redirecionar, deter ou inverter movimentos e mutações de princípios" de modo a recoordenar uma organização para facilitar a sua adaptação à mudança no ambiente geral (Burns, 1978, citado em Beugre et al., 2006, p. 55). Este estilo de liderança é uma liderança democrática, participativa, centrada na equipa, focada nas pessoas e distributiva, que envolve a partilha de deveres operacionais, mas não de autoridade (Bass, 1990). No entanto, diz-se que a liderança transformacional incorpora alguma quantidade de individualismo, o que pode ser atribuído ao facto de as transformações surgirem como resultado das caraterísticas desses líderes, que incluem carisma, inteligência, capacidades empáticas e inspiradoras, que utilizam para ganhar o respeito e o apoio dos liderados (Knights & Willmot, 2007, citado em Gleeson & Knights, 2008). Também Kakabadse , Kakabadse, e Lee-Davies (2005, p. 238) referem que a liderança carismática não está relacionada com a personalidade do líder ou com o contexto de liderança, mas sim com o "relacional e percetual", porque não se baseia no que o líder é, mas no que os outros vêem que ele é, é o que importa. Os atributos adicionais da liderança transformacional são os seguintes (Pounder, 2008, p.116):

- *"Influência idealizada ou carisma"; este tipo de líder cria uma visão com a qual se compromete e é orientado para a missão. Os líderes transformacionais valorizam a confiança, são modelos que suscitam confiança e empenhamento. Também dão a conhecer as suas posições ou valores em assuntos complicados, uma vez que "criam um alinhamento em torno de um objetivo partilhado".*

- *Motivação inspiradora; um líder com esta motivação comunica claramente a sua visão e tenta alinhar os objectivos organizacionais com as necessidades individuais.*

- *Consideração individual; um líder com este atributo é um mentor que reconhece as capacidades distintas dos seus subordinados, a quem dá formação até ao limite das suas capacidades, criando oportunidades para a aquisição de conhecimentos.*

- *Estimulação intelectual; este tipo de líder encoraja a inovação e aceita os erros que podem ocorrer durante a tentativa de um subordinado de ser original.*

Propõe-se que é ao transformarem-se em protótipos poderosos que os líderes transformacionais estimulam e afectam as pessoas à sua volta, sendo assim capazes de provocar mudanças fenomenais e duradouras, como fez Nelson Mandela na África do Sul (Lean, 2005). No entanto, Cardona (2000) defende que, apesar de todo o alarido em torno da teoria da liderança transformacional, esta perdeu parte do seu brilho devido ao chamado dilema de Hitler, que levou as pessoas a questionar se Hitler, enquanto líder transformacional, pode ser equiparado a Mahatma Gandhi e Madre Teresa de Calcutá. O autor questiona ainda se esta teoria nos permitiria distinguir entre os manipuladores que se projectam como líderes transformacionais e os verdadeiros. Além disso, Shahin e Wright (2004) argumentam que a literatura sobre teorias de liderança de origem americana e anglo-saxónica ignora a questão da cultura e que os estudos transculturais sobre liderança transformacional e transacional revelaram que o sistema de recompensa contingente, por exemplo, é mais apreciado no Japão do que nos Estados Unidos (Yokochi, 1989). A literatura também revelou que, em vários contextos culturais, os subordinados preferem diferentes estilos de liderança e que os comportamentos específicos que reflectem esses estilos podem mudar de uma cultura para outra (Smith & Peterson, 1998, citado em Shahin & Wright, 2004). Assim, pode dizer-se que os estilos de liderança utilizados pelos gestores dependem da cultura, tal como evidenciado pelo estudo de Shahin e Wright (2004) sobre os bancos egípcios. O ponto de vista acima é coerente com o que a literatura sobre liderança diz sobre o tipo participativo ou consultivo de liderança transformacional. Consequentemente, Limsila e Ogunlana (2007) reiteraram, a partir dos seus estudos sobre a liderança na gestão de projectos na Tailândia, que caracterizaram como um país com uma elevada distância ao poder (Hofstede, 1980), que os subordinados preferiam um estilo de liderança paternalista e autocrático porque a estrutura social hierárquica da cultura tailandesa criava desconforto nos subordinados em contextos democráticos, pelo que também receavam correr riscos, dar o seu contributo e tinham medo de desafiar os líderes. Mais uma vez, Brazier (2005) sublinha que, em estruturas organizacionais orgânicas e mais planas, em que a tomada de decisões é descentralizada num contexto de baixa distância ao poder, como acontece na maioria das organizações ocidentais, a liderança transformacional prospera mais nesse contexto, ao contrário das estruturas hierárquicas das empresas asiáticas de alta distância ao poder e colectivistas, que se adequam à liderança transacional.

Os investigadores também defendem que a escolha de um estilo de liderança pelos gestores está relacionada com o género e que os estilos de liderança exigidos pelas organizações contemporâneas são os centrados nas relações, os estilos de liderança que se centram no desenvolvimento dos outros e que demonstram preocupação com as pessoas (Omar & Davidson, 2001). Estes estilos de liderança são alegadamente a escolha preferida das líderes femininas que gostam do estilo de liderança transformacional, em oposição aos estilos de liderança preferidos dos gestores masculinos beligerantes, competitivos e centrados nas tarefas. No entanto, Kariuki (2008) argumenta, com base no seu estudo de uma líder feminina na África do Sul, que alguns comportamentos de liderança feminina, caracterizados como assertivos, são uma reação ao chauvinismo masculino nas sociedades patriarcais.

Por outro lado, Ames e Flynn (2007) defendem que as diferenças pessoais na assertividade de todos os líderes contribuem para a perceção que as pessoas têm dos líderes como sendo fracos ou fortes. Quanto mais assertivo for um líder, maior será a probabilidade de as pessoas não gostarem desse líder, e vice-versa, e isso inclui situações em que a assertividade é considerada eficiente, defensável e adequada (Ibid). Pelo contrário, Kirkpatrick e Locke (1991) defendem que a assertividade é uma caraterística dos líderes auto-confiantes que também podem ser decisivos. Jogulu e Wood (2006) insistem que os estilos de liderança transacional e, sobretudo, transformacional estão relacionados com a eficácia de um líder. Oshagbemi (2004) também defende que as diferenças multigeracionais não afectam a escolha do estilo de liderança delegativo, apesar de os gestores mais velhos estarem mais inclinados a utilizar um estilo de liderança participativo do que os mais jovens. Burgoyne e Pedler (2005) reiteram que é necessária uma liderança que tenha como principal objetivo organizar e tomar medidas quando se depara com dificuldades e questões graves, uma vez que as situações são menos previsíveis.

2.2.4Teoria da gama completa

A teoria da liderança de gama completa (transformacional-transacional), desenvolvida por Bass (1997), abrange uma série de estilos de liderança e reconhece que a maioria dos líderes combinará praticamente o estilo de liderança transformacional com o estilo transacional, embora alguns líderes que estão em processo de amadurecimento como líderes possam utilizar um dos dois, outros também o farão, dependendo do facto de as suas organizações estarem estáveis ou em crise. Na literatura, afirma-se, no entanto, que a liderança bem sucedida se baseia num estilo de liderança ativo, como a liderança transformacional, e não no comportamento passivo de liderança transacional de gama completa (Sosik, Potosky & Jung, 2002). Por um lado, investigadores como Den Hartog, Van Muijen e Koopman (1997), incluindo Howell e Avolio (1993), afirmam que a teoria acima referida é aplicável tanto em diversas organizações como em diferentes contextos culturais. Por outro lado, Pawar (2003) defende que os estilos de liderança podem mudar para se adaptarem ao contexto e à natureza de uma organização. Endrissat et al. (2005) também afirmam que os líderes são apreciados por não exibirem a sua autoridade ligada à sua posição e que os líderes autênticos são acessíveis e não têm consciência das suas posições, têm uma relação pessoal e emocional com a tarefa, mas alguns outros estudos indicam que a liderança eficaz decorre de elevados níveis de assertividade, como o domínio, a agressividade e a não deferência (Bass, 1990).

2.3 Conceito narcisista de liderança

Relacionado com a perspetiva de género da liderança está o que Pullen e Rhodes (2008) descrevem como conceito narcisista masculino de liderança, que é gerado por um sentimento de insegurança por parte dos líderes individuais. O narcisismo é atribuído a Sigmund Freud nas ciências sociais, e é utilizado para estudar o comportamento e a identidade dos líderes nas organizações (Carr, 1998, citado Pullen & Rhodes, 2008). O líder narcisista ineficaz é egoísta, anseia pelo poder, é um fanfarrão muito contencioso e pretensioso, é dominador, não tem empatia e está cheio de complexo de superioridade (Barber, 2005). Além disso, o autor caracteriza o líder narcisista como alguém que procura a atenção e está mais interessado em atingir objectivos pessoais derrotando os seus adversários através de um individualismo intransigente. Adicionalmente, alcança a eminência em detrimento dos outros, em suma, o narcisismo é uma forma de liderança egocêntrica, que retrata o "lado sombra" da liderança, que suprime a inovação e promove o "conluio" nas empresas (Barber, 2005, p. 97). Pullen e Rhodes (2008) também defendem que o narcisismo positivo se baseia numa visão para alcançar o sucesso. No entanto, Cluley (2008) argumenta que, no que respeita ao narcisismo improdutivo, são os seguidores de um líder que solicitam uma abordagem narcisista aos seus líderes, apesar dos seus possíveis perigos, a fim de consolidar as relações de grupo e criar grupos poderosos, mesmo que isso possa acabar por exterminar esses grupos. Cluley (2008) afirma mais uma vez que o narcisismo total é irreal e pode alimentar tendências individualistas nos líderes e que esta é a base para a dissociação das psicologias individual e social nas actuais teorias da liderança.

2.3.1 Liderança narcisista versus liderança servil

A liderança narcisista é contrária à teoria da liderança servil (Greenleaf, 1996, citado em Ricketts & Ladewig 2008). O líder servidor, ao contrário do líder narcisista, oferece primeiro o seu serviço aos seus seguidores antes de proporcionar uma liderança que valoriza as pessoas, as nutre, colabora e dá aos seus seguidores a oportunidade de partilharem a sua tarefa de liderança (Greenleaf, 1997). Segundo o autor, o líder servidor serve também a sua organização e a sociedade. Para além da sua visão e do seu altruísmo, o líder servidor aspira sempre a desenvolver e a capacitar os seus seguidores. Ricketts e Ladewig (2008) vêem uma relação entre a liderança servil e a teoria da liderança comunitária, que considera a liderança não apenas como aquilo que os líderes fazem, mas também como uma relação que envolve a criação de redes, a inspiração de outros, o trabalho para atingir as necessidades comuns e as interações alargadas numa comunidade. O estudo realizado pelos investigadores acima referidos resultou numa interpretação nova e prática da liderança servil como uma forma moderna de liderança que se baseia nos nossos princípios mais éticos e morais, e esta forma de liderança é eficaz porque emana da forma como as pessoas desejam ser tratadas, inspiradas e lideradas (Laub, 2000, citado em Ricketts & Ladewig, 2008).

Além disso, a teoria de liderança narcisista autocrática e auto-obsessiva é uma teoria de liderança solitária, auto-destrutiva e ameaçada que não prosperará "sob a pressão do crescente cinismo e litigiosidade do público" (Trautmann et al, 2006, p. 270), incluindo a maioria dos contextos sociais contemporâneos de base democrática e as organizações com estruturas mais flexíveis e planas, como as universidades e os institutos superiores baseados no conhecimento, onde os empregados são normalmente capacitados para um melhor desempenho, assegurando assim a sustentabilidade organizacional e a competitividade a longo prazo (Mayo, 2000, citado em Simmons, 2002).

O narcisismo improdutivo também não funcionará em economias baseadas no conhecimento, com formas de trabalho flexíveis e trabalhadores do conhecimento flexíveis, com competências inimitáveis, que podem trabalhar em comunidades de prática e possuir conhecimentos tácitos (Sondergaard, 2007). Uma vez que estes trabalhadores do conhecimento podem necessitar de poderes discricionários para motivar e manter o seu empenhamento na inovação e na criação de valor acrescentado para as organizações, reduzir a sua autonomia resultará numa liderança catastrófica e em organizações falhadas, especialmente em contextos que envolvam estes trabalhadores do conhecimento ou pensadores (Francis & Keegan, 2006) com elevada empregabilidade (Benson, 2006). Na literatura, abundam os exemplos de empresas populares que entraram em colapso devido a lapsos financeiros e éticos de líderes gananciosos, egoístas e desonestos, envolvidos em descuidos de gestão e roubos, incluindo empresas como a Enron, a Adelphia Communications, a WorldCom e a Tyco International (D'Intino et al., 2008). Dar-lhes poder também reduzirá a rotatividade dos empregados, especialmente dos quadros superiores, e isto pode diminuir a perda de conhecimento e história organizacional, porque "a continuidade da liderança pode fazer ou quebrar" uma empresa (Miles, 1990, citado em Jacques et al., 2008, p.47). Afinal, a liderança, de acordo com Elliot e Stead (2008), é profunda e mais extensa do que aquilo que as noções contemporâneas de liderança dizem ser. Assim, o narcisismo parece mais com a gestão do que com a liderança, mas os investigadores afirmam que, atualmente, os conceitos de liderança são mais apreciados do que os de gestão devido ao insucesso comparável da gestão "trabalhando à 'distância' para envolver o entusiasmo, o empenho e a criatividade do pessoal" (Gleeson & Knights, 2008, p. 50).

2.4 Efeito da liderança no desempenho

Svensson e Wood (2005) fazem extensa referência a investigadores que vêem uma relação direta entre o desempenho organizacional e a liderança (Fayol, 1923/1937, Fiedler, 1967, Yukl, 1998, etc.). No entanto, Jaffe (2001, citado em Svensson & Wood, 2005) defende que as teorias sobre o efeito da liderança no desempenho organizacional não são verdadeiras. Smith e Cooper (1994), que fazem várias referências a líderes históricos, como Napoleão, e ao seu contributo pessoal para o sucesso do exército francês, reforçam a ideia de que, apesar de todas as dúvidas sobre a liderança, esta é uma fonte vital de sucesso organizacional. Mais uma vez, Svensson e Wood (2005) também afirmam que, em algumas situações, o desempenho organizacional bem sucedido pode ser atribuído a uma liderança bem sucedida e propositada, mas não apenas à mera aplicação de técnicas de gestão ou de negócios. Por outro lado, o mau desempenho organizacional também pode ser o resultado de uma liderança ineficiente (Ibid). Os autores salientam ainda os seguintes factores: que o impacto da liderança no desempenho organizacional muda com o passar do tempo, depende do contexto e que o controlo e a garantia de qualidade não são suficientes para a consecução dos objectivos e do desempenho organizacional. Defendem ainda que não basta utilizar o estilo de liderança correto para obter um bom desempenho organizacional, mas que as organizações têm de implementar estratégias que tenham em conta vários factores, incluindo o ambiente, o que exige uma mudança de paradigma centrada na manutenção de uma liderança eficaz.

2.5 Estudos anteriores relacionados

Com base na literatura analisada, alguns investigadores, influenciados por várias ciências sociais, procuraram métodos diferentes e novos para desenvolver teorias de liderança, investigando o papel desempenhado pela inteligência no desenvolvimento da liderança (Bennis, 1997; Gardner, 1995). Assim, alguns estudos relevantes para esta investigação foram analisados e descritos na Tabela 2.5.1, a fim de fornecer mais informações sobre o conceito de liderança. Além disso, os teóricos construcionistas afirmam que as pessoas que vivem numa sociedade constroem o seu mundo social coletivamente, e que isso acontece quando damos significados às nossas relações com outras pessoas e aos resultados das nossas interações. Este significado que damos à liderança, de acordo com os construcionistas, é basicamente coletivo, social e dentro das comunidades, e a interpretação do significado da liderança desenvolve-se através das acções e da interação dos indivíduos entre si numa comunidade, com base nas responsabilidades e na contribuição de cada pessoa (Ospina & Schall, 2000). Pelo contrário, Roupe e Tippeconnic III (1987) defendem que a cultura desempenha um papel na forma como as percepções de liderança se desenvolvem, com base no seu estudo sobre a perceção da liderança, como caraterísticas de estudantes indianos e não indianos do ensino secundário no Arizona, América. Ao contrário dos construcionistas, Drath e Palus (1994) defendem que o comportamento do homem deve ser compreendido a partir da perspetiva daqueles que dão sentido ao que experimentam num determinado contexto, e não apenas considerando os traços, os comportamentos e as relações dos líderes com os outros. March e Weil (2005, citado em Espedal, 2008), por outro lado, insistem que a liderança é uma função simbólica e que as pessoas dão sentido à liderança a partir do papel instrumental que ela desempenha.

Berger e Luckmann (1966) também argumentaram que, se a liderança for considerada como um fenómeno social resultante de indivíduos cooperativos que interagem uns com os outros, como evidenciado pelo estudo de gestores nas regiões de língua alemã da Suíça por Endrissat et al. (2005), torna-se mais compreensível. Tal deve-se ao facto de os gestores envolvidos no seu estudo valorizarem as relações pessoais no âmbito de sistemas organizacionais formais, a fim de evitarem ser afastados dos trabalhadores e manterem a sua cordialidade. No entanto, Ames e Flynn (2007) defendem que as variações pessoais da assertividade contribuem para as percepções da liderança por parte dos liderados e dos observadores. Endrissat et al. (2005) afirmam ainda que as percepções das pessoas se desenvolvem num determinado contexto social, cultural e histórico, como evidenciado pelos dilemas vividos pelos gestores expatriados que tentam simultaneamente praticar uma liderança autêntica para a atribuição de liderança, enquanto adaptam outras culturas no seu exercício de autoridade e controlo, acabando por se distanciar do seu pessoal. No entanto, Roupe e Tippeconnic III (1987) afirmam, com base nos seus estudos, que a diversidade de localizações geográficas não influencia a perceção de liderança das pessoas, mas que é a socialização que pode afetar a perceção cultural de liderança das pessoas.

O estudo de Lakshman (2008) indicou que, funcionalmente, a atribuição correta pode contribuir para melhorar o desempenho e o estímulo dos subordinados e para uma liderança com impacto. Pelo contrário, os líderes que são propensos à atribuição subjectiva e incorrecta do desempenho dos seus subordinados serão vistos de forma negativa e não conseguirão corrigir os lapsos de desempenho dos seus subordinados (Dobbins & Russel, 1986; Ensari & Miller, 2005; Gavin, Green, & Fairhurst, 1995). A atribuição subjectiva e incorrecta do desempenho dos subordinados pelos seus chefes, com base em motivos raciais, de género ou egoístas, será considerada injusta, o que resultará em descontentamento e rotatividade dos subordinados, disputas com os gestores, perda de integridade, interrupção dos modos de comunicação entre os gestores e os seus subordinados, que estão sujeitos a atribuições preconceituosas (Ibid).

A perspetiva instrumental considera a liderança como uma componente vital das diferentes técnicas de coordenação e controlo das organizações, com vista a melhorar o desempenho, pelo que esta definição de liderança se baseia no pressuposto de que, ao avaliar os líderes, o que importa é o papel que estes desempenham no desempenho organizacional, embora vários outros investigadores defendam que, uma vez que os objectivos organizacionais são, na sua maioria, "ambíguos, inconsistentes e mutáveis", os resultados organizacionais são complicados e dependem do desempenho de vários agentes, ou do ambiente económico e organizacional externo, e isto pode não ter nada a ver com as capacidades ou a capacidade de julgamento de um líder (Meindel et al.,1985, Bok,1993, citado em Espedal, 2008, p.184). Com base na investigação de Espedal (2008) sobre a forma como os consultores de gestão interna de seis empresas norueguesas definem a liderança, concluiu-se que os seus pontos de vista sobre a liderança como realização de uma identidade se centram na forma como os líderes se dedicam aos regulamentos relacionados com as identidades, incluindo a forma como os líderes cumprem as regras. No entanto, a investigação de Endrissat et al (2005) revela que é antes a medida em que um gestor se associa às suas funções que é fundamental para moldar a conceção das pessoas sobre se ele está a liderar ou apenas a executar processos especializados. Os autores afirmam que esta conceção se baseia na ligação pessoal do líder com o seu trabalho e que esta perceção evolutiva da liderança descarta o seu anterior domínio por teorias essencialistas e psicológicas que tornaram a liderança científica e abstrata do contexto profissional quotidiano. Além disso, a principal diferença entre liderança e gestão é que esta última é praticada em ambientes estáveis, onde se dá prioridade a soluções de curto prazo e onde os procedimentos de gestão instituídos são considerados tão cruciais e mais úteis do que a liderança ativa (Gleeson & Knights, 2008). Estes últimos também insistem que a verdadeira liderança só é utilizada em condições que exigem uma deliberação a longo prazo e a necessidade de criatividade, ou quando são necessárias soluções especiais. A perceção de liderança acima descrita representa um método "constitutivo" que elimina a tendência do passado para tratar as competências de liderança como importantes para o líder, ou ditadas pela situação que um líder enfrenta, considerando antes tanto as competências de liderança como a situação, como compreendendo as redes sociais e o uso da autoridade pessoal ou institucional (Bottery, 2004, citado em Gleeson e Knights, 2008).

Autor	Localização	Abordagem	Método	Técnicas de recolha de dados	Principais conclusões
Espedal (2008)	Noruega	Qualitativo	Inquérito	Entrevistas presenciais semi-estruturadas (gravadas em cassete)	Os consultores consideraram a liderança como uma realidade e como um conceito
Gleeson e Knight (2008)	Inglaterra	Triangulação	Inquérito e análise de dados	Entrevistas presenciais/em pequenos grupos, actas de empresas, documentos de avaliação, etc.	Liderança É uma atividade profissional baseada na sociedade civil e não apenas no mercado, a liderança como teoria não deve ser ignorada.
Lakshman, (2008)	Pune, Índia	Qualitativo	Inquérito	Revisão crítica da literatura atual sobre modelos de atribuição de liderança	As atribuições corretas e a evasão dos enviesamentos de atribuição são cruciais para determinar a eficácia e a perceção da liderança
Ames e Flynn (2007)	Universidade de Columbia, Nova Iorque.	Triangulação	Inquéritos	Foram utilizados questionários de classificação de 4 pontos e de 7 pontos. Foi também utilizado um questionário de perguntas abertas	A assertividade tem uma relação curvilínea com a liderança.
Endrissant et al (2005)	Parte germanófona da Suíça	Qualitativo	Inquérito	Entrevistas autobiográficas-narrativas não estruturadas	As soluções e os conceitos formalizados sobre a educação e o desenvolvimento da liderança continuarão a ser duvidosos se não incluírem a auto-conceção individual e as experiências de liderança anteriores.
Ospina e Schall (2000)	Universidade de Nova Iorque América	Triangulação	Inquérito	Etnografia N arrativa/cooperativa e narração de histórias	A liderança, de um ponto de vista construcionista e relacional, é definida como sendo colectiva,

					social e inserida na comunidade
Roupe e Tippeconnic III (1987)	Arizona América	Inquérito		Inquéritos por questionário	A pessoa de liderança dos participantes na investigação estava altamente relacionada, apesar das diferenças de localização geográfica

Tabela 2.5.1: Tabela de estudos anteriores relacionados com base na literatura

2.5 Resumo

Uma vez que o empenho dos indivíduos, a satisfação no trabalho, a associação e a ligação com as suas organizações dependem em grande medida das práticas de liderança (Dulewicz e Higgs, 2005), será muito relevante conhecer as diferentes formas como os indivíduos num contexto organizacional específico percepcionam a liderança, investigando o significado de liderança para os indivíduos no Politécnico de Takoradi, neste estudo. A relevância deste estudo baseia-se no facto de que, apesar das numerosas investigações em ciências sociais sobre a noção de liderança, a maioria das pessoas ainda não sabe exatamente o que significa. Esta situação é agravada pelo facto de a maioria das principais teorias da liderança estarem relacionadas com os estudos realizados por académicos americanos, cujos princípios e crenças podem não ser os mesmos que os dos indivíduos de outros ambientes sociais (Endrissat et al., 2005). Além disso, a maior parte das discussões sobre as teorias da liderança são recorrentemente centralizadas apenas no líder (Cluley, 2008). Consequentemente, esta investigação tem como objetivo explorar o significado da liderança do ponto de vista dos indivíduos, de modo a ajudar os líderes actuais e futuros do Instituto Politécnico de Takoradi a encontrar diferentes formas de liderar as pessoas que estejam em congruência com as suas percepções e expectativas, de modo a desencadear o seu empenho na realização dos objectivos organizacionais e para um melhor desempenho (Hersey & Blanchard, 1993; Omar & Davidson, 2001). Concluindo, a literatura analisada acima destaca a necessidade de explorar o significado de liderança a partir de perspectivas pessoais, o que tem o potencial de contribuir com os tão necessários conhecimentos sobre a forma como se dá sentido ao conceito de liderança. O Capítulo 3 apresenta um esboço da metodologia utilizada nesta dissertação.

CAPÍTULO 3

METODOLOGIA DE INVESTIGAÇÃO

3.0 Introdução

Uma vez que o objetivo desta investigação é explorar o significado de liderança para os indivíduos no Politécnico de Takoradi, a partir das suas perspectivas pessoais, o capítulo três desta dissertação centrar-se-á na metodologia de investigação, na conceção da investigação, na recolha de dados e nas técnicas de análise.

3.1 Estratégia de investigação

A estratégia de investigação do estudo de caso foi utilizada com base nas questões de investigação e, sobretudo, porque o estudo de caso é uma abordagem abrangente que engloba a lógica de um projeto, métodos de recolha de dados, procedimentos específicos para a análise de dados e a sua capacidade de utilizar provas quantitativas e qualitativas que não precisam de ser derivadas da observação pessoal (Yin, 2003). Além disso, um estudo de caso permitiu-me estudar um fenómeno social no seu contexto natural, utilizando diversas provas, incluindo documentos, entrevistas, questionários e observações (Saunders, Lewis, & Thornhill 2007), e permitiu-me concentrar-me na compreensão da dinâmica existente no meu contexto de investigação (Eisenhardt, 1989). Com base na escala de tempo limitada, foi efectuado um estudo de caso porque, ao contrário de outras concepções de investigação que requerem dados extensivos, facilitou uma investigação aprofundada do problema de investigação, no seu contexto específico, a fim de produzir dados úteis e informativos que poderiam ser rentáveis (Saunders et al., 2007). Devido às fraquezas de um estudo de caso único, particularmente no que diz respeito ao problema da interpretação dos dados narrativos que seriam gerados, as fontes de dados foram trianguladas para garantir a consistência e também para assegurar uma compreensão completa do problema de investigação (Brewerton & Millwards, 2001).

3.2 População de investigação

A população da investigação era constituída por pessoal académico e administrativo, tanto masculino como feminino, do Politécnico de Takoradi, que trabalharam no T-Poly entre quatro a vinte anos. As suas idades variavam entre 35 e 45 anos. No que diz respeito às suas qualificações, a maioria tinha o grau de mestre em várias áreas de estudo, para além de algumas qualificações profissionais noutras disciplinas. Alguns também tinham o primeiro grau, para além de algumas qualificações profissionais. Estes participantes na investigação ocupavam vários cargos no Politécnico, tais como chefes de departamentos académicos e não académicos, enquanto outros não o faziam. A apresentação de pormenores específicos sobre o perfil dos participantes na investigação torná-los-ia identificáveis, pelo que, para não violar a confidencialidade que lhes foi prometida, os seus perfis foram generalizados (De Vaus, 2002; Saunders et al., 2007). Esta população foi selecionada porque, independentemente do seu estatuto, tempo de serviço, experiência e qualificações dentro do Politécnico, considerou-se que tinham experimentado alguma forma de liderança, quer como parte daqueles que estavam a ser liderados, quer como parte do grupo que fornecia a liderança, num determinado momento ou atualmente. Presumivelmente, esperava-se que a população selecionada constituísse uma fonte de dados ricos e perspicazes que seriam gerados para atingir o objetivo da investigação e responder às perguntas da investigação. Além disso, devido a limitações de tempo e ao custo que teria sido incorrido se todo o pessoal do Politécnico se tornasse o foco deste estudo, foi utilizada uma amostra representativa para este estudo de caso. Mais uma vez, o Politécnico de Takoradi foi selecionado como contexto de investigação porque, para além do facto de este investigador ser funcionário da instituição e, como tal, ter acesso à mesma não teria constituído um problema, também, como estabelecimento académico terciário, existem diferentes categorias de funcionários e várias formas de liderança no Politécnico, pelo que a escolha do contexto de investigação foi apropriada.

3.3 Técnica de amostragem

A amostragem por objetivo ou por julgamento foi selecionada devido à qualificação e experiência dos inquiridos, incluindo algumas razões pragmáticas, e ao desejo de assegurar uma boa taxa de resposta (Fisher, 2007; Saunders et al., 2007). Não obstante o facto de esta técnica de amostragem não ter algumas das vantagens da técnica de amostragem aleatória, investigadores como Saunders et al. (2007) atestam que é adequada para estudos que utilizam amostras muito pequenas, para além do facto de a técnica de amostragem por julgamento poder ajudar o investigador a usar o seu próprio critério para escolher casos que facilitem a resolução das questões de investigação e para atingir os objectivos da investigação. Além disso, esta técnica de amostragem foi escolhida para esta investigação, com base na afirmação de Brewerton e Millward (2001) de que, embora a amostragem intencional não seja representativa nem se baseie na amostragem probabilística, pode produzir informações valiosas, para além da sua capacidade de permitir ao investigador prever eficazmente os resultados de uma investigação.

A dimensão da amostra pretendida para esta investigação era de cem participantes de um total de trezentos e seis funcionários. Esta amostra selecionada foi escolhida porque, na altura em que se procuraria o envolvimento dos participantes, a instituição estaria de férias prolongadas, pelo que seria impossível chegar a muitos potenciais participantes na investigação. Além disso, os funcionários administrativos do Politécnico estavam em greve na altura em que a sua participação neste estudo foi solicitada, o que agravou ainda mais a situação. No entanto, estes desafios não tiveram grandes efeitos adversos no resultado da investigação, uma vez que Patton (2002, citado em Saunders et al., 2007) salienta que, o que mais importa na amostragem intencional é a procura de casos que possam tornar-se fontes valiosas de informação, em comparação com a representatividade estatística, exigida na amostragem probabilística.

3.4.0 Instrumentos de recolha de dados

Este estudo utilizou um método de investigação misto e triangulou simultaneamente métodos de recolha de dados quantitativos e qualitativos e técnicas de análise, tendo sido dada prioridade aos métodos quantitativos (Creswell, Plano, Clark, Gutmann & Hanson, 2003). A triangulação das técnicas de recolha de dados e das fontes de dados assegurou a fiabilidade e a validade dos resultados (De Vaus, 2002; Saunders et al., 2007). A utilização de um método de investigação misto permitiu-me concentrar nas vantagens de ambos os métodos, limitando assim o impacto das suas desvantagens neste estudo (Creswell, Shope, Plano Clark & Green, 2006; Miles & Huberman, 1994).

3.4.1Inquérito por questionário

Os dados iniciais para este estudo, que era quantitativo, foram recolhidos no terreno utilizando cópias impressas de questionários auto-administrados e fechados com uma escala de Likert de cinco pontos, que eram fáceis de preencher e que contribuíram para o aumento da taxa de resposta e da codificação (De Vaus,2002; Fisher, 2007). Foram administrados 60 questionários aos inquiridos, tendo 56 sido preenchidos e devolvidos. O instrumento do questionário do inquérito foi concebido para medir os cinco principais itens importantes que se seguem, embora também tenham sido avaliados outros subitens relacionados;

- A conceção de liderança como traços ou qualidades possuídas pelos líderes

- A definição de liderança como comportamento
- A consideração da liderança como um estilo
- A perceção da liderança como uma função ou um processo de grupo.

Estes tópicos específicos foram selecionados devido à sua capacidade de me permitir aprofundar a forma como os indivíduos entendem a liderança, tal como enumerado no Capítulo 2, secção 2.1.

Os traços de liderança são vitais para determinar as percepções de liderança, tal como referido em pormenor no capítulo 2, secção 2.1.1, porque se alguém deseja liderar, aqueles que vão ser liderados esperam, até certo ponto, que essa pessoa seja mais competente em certas coisas do que eles (Kirkpatrick & Locke, 1991), pelo que, a partir da observação acima destes investigadores, a inclusão e exploração do significado de liderança, com base nos traços dos líderes nesta investigação, foi apropriada.

O comportamento de liderança, tal como descrito no capítulo 2, secção 2.1.2, é caracterizado em estudos anteriores relacionados por Endrissat et al., (2005) como a relação entre a perceção que as pessoas têm da liderança e o grau em que um líder se associa aos seus deveres e aos seus seguidores. Por conseguinte, será muito adequado se a perceção da liderança pelas pessoas for explorada a partir do que os líderes fazem, ou seja, do seu comportamento.

Stogdill (1974) afirma que os teóricos do comportamento, tal como descritos e referenciados no capítulo 2, secção 2.2, vêem a liderança como um estilo e formam a sua opinião sobre os líderes com base na preocupação destes com a tarefa e com as pessoas, o que torna a determinação do significado de liderança, com base no seu comportamento, uma questão adequada. Por último, a definição de Lakshman (2008) de liderança a partir do papel funcional de atribuição adequada que se baseia nas percepções dos subordinados, tal como referido nos estudos anteriores relacionados no Capítulo 2, secção 2.4, também é relevante para esta investigação. Por conseguinte, nunca é demais sublinhar a pertinência da inclusão dos factores acima referidos no questionário.

3.4.2Entrevista

Posteriormente, foi utilizado um guião de entrevista semi-estruturada presencial, que continha perguntas fechadas e abertas, para recolher dados adicionais através de entrevistas a 6 membros do pessoal, de modo a explorar em profundidade os temas emergentes do inquérito por questionário (Creswell et al., 2003). Foi também utilizada a escala de Likert de cinco pontos, auto-administrada, para medir vários itens do questionário, que foram classificados de 5 (muito forte) a 1 (muito fraco). Foram anexadas aos questionários cartas de apresentação adequadas, como prova de um acesso negociado à utilização do Politécnico para este estudo de caso. Por razões éticas, os questionários foram preenchidos de forma anónima, para evitar a atribuição de qualquer informação fornecida pelos participantes utilizando os seus nomes; em vez disso, a informação foi associada aos participantes que foram simplesmente referidos como inquiridos (De Vaus, 2002; Fisher, 2007).

Devido ao tempo limitado à disposição deste investigador e à agenda preenchida dos participantes, foi dada a cada inquirido a opção de preencher o questionário no local, ou foi-lhes permitido devolver o questionário preenchido no prazo de um ou dois dias, quer ao investigador, quer ao rececionista do Politécnico, para ser recolhido mais tarde por este investigador. Aos participantes visados que, por razões pessoais, não quiseram preencher os questionários, mas estavam interessados em participar na investigação, foi dada a possibilidade de optarem pela entrevista, se assim o desejassem. As entrevistas presenciais duraram entre uma hora e uma hora e meia. Foi utilizado um gravador de voz digital para registar os resultados das entrevistas, depois de obtida a autorização dos entrevistados, com base em fundamentos éticos (Fisher, 2007). Além disso, os resultados das entrevistas foram posteriormente transcritos.

3.5 Análise de dados

Foram utilizadas técnicas de análise descritiva dos dados, incluindo percentagens e distribuição de frequências, para melhorar a compreensão e a interpretação dos dados quantitativos resultantes do inquérito por questionário e para atingir os objectivos da investigação (De Vaus, 2002). Também para facilitar a interpretação dos dados recolhidos nesta investigação, foram utilizados gráficos de barras para representar graficamente os dados acima referidos. Os dados quantitativos obtidos a partir do inquérito por questionário foram desagregados e apresentados utilizando o Statistical Package for the Social Scientist (SPSS) (Ibid). As diferentes questões de investigação foram analisadas de acordo com a natureza das respostas dadas pelos inquiridos, tendo estas respostas sido posteriormente transformadas em percentagens. Além disso, foi utilizada a metodologia de investigação qualitativa, que envolve a utilização de narrativas obtidas a partir da entrevista, para apresentar as palavras exactas ditas pelos entrevistados, e também foram utilizadas narrativas qualitativas para explicar os resultados da investigação quantitativa e para comparar os resultados das duas abordagens de investigação (De Vaus, 2002; Saunders et al., 2007).

3.6 Resumo

O Capítulo 3 centrou-se na metodologia de investigação e na fundamentação da utilização de estratégias de investigação, métodos, instrumentos de recolha de dados e técnicas de análise de dados selecionados. A escolha da metodologia de investigação para este estudo foi coerente com o ponto de vista de investigadores como De Vaus (2002), segundo o qual a utilização de entrevistas, entre outros métodos de recolha de dados, facilita uma análise mais aprofundada do significado do comportamento e das opiniões expressas nos questionários, uma vez que conduz a interpretações perspicazes dos padrões descobertos na avaliação dos dados contidos nos questionários. Assim, o capítulo 4 centrar-se-á também na apresentação e análise dos resultados desta investigação.

CAPÍTULO 4

RESULTADOS

4.0 Introdução

No capítulo 4, será efectuada uma análise exaustiva dos dados resultantes do inquérito por questionário e das entrevistas semi-estruturadas.

4.1 Taxa de resposta ao questionário

Dos 60 questionários que foram distribuídos, 56 foram preenchidos e devolvidos, o que representou uma taxa de resposta total de 83,3%, uma boa taxa de resposta para um estudo de caso único, uma vez que forneceu uma amostra representativa para explorar o tópico desta investigação (Saunders et al., 2007; Yin, 2003).

4.2 Taxa de resposta ao questionário conduzido por entrevista

Estava prevista a realização de dez entrevistas presenciais semi-estruturadas, mas apenas seis entrevistas foram realizadas desta forma, o que representou 60 % da taxa de resposta total, e está próximo da taxa de resposta média de 70 % defendida por Leeuw e Collins (1997, citados em De Vaus, 2002), que afirmam que tais entrevistas são uma forma eficiente de recolher dados, em comparação com a pequena taxa de resposta dos inquéritos por telefone, correio e Internet.

4.3 Resultados dos dados do inquérito por questionário

Seguem-se as interpretações das abreviaturas que representam as escalas que foram utilizadas para medir os índices de satisfação dos inquiridos nos gráficos de barras.

NA - não aplicável

VW- muito fraco

MW- moderadamente fraco

AD-adequado

EM - moderadamente forte

VS-muito forte

Figura 4.3.1a A conceção de liderança como nascendo com caraterísticas únicas

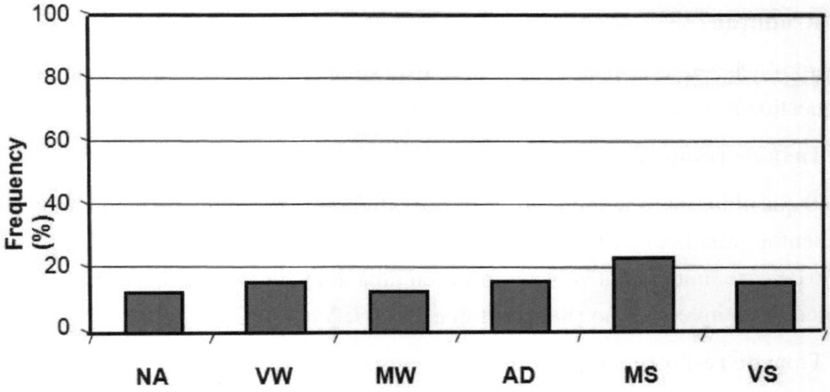

Respostas. Fonte: Inquérito de campo 2008

A Figura 4.3.1a indica que, de um total de 56 respostas, 10 inquiridos, representando 17,8%, indicaram que acreditavam muito fortemente que os líderes eram aqueles que nasciam com personalidade e traços únicos. 13 inquiridos, representando 23,2%, também tinham opiniões moderadamente fortes sobre a perceção de liderança acima referida. Apenas 7 inquiridos, o que representa 12,0%, tinham opiniões muito fracas sobre o facto de a liderança significar nascer com personalidade e caraterísticas únicas.

Os seguintes pontos de vista expressos durante a entrevista também mostraram que a liderança significa pessoas que nascem com competências:

"Algumas pessoas nascem parcialmente com algumas destas caraterísticas, mas outras pessoas nascem com mais destas caraterísticas, o que eu vejo como algo como uma influência genética. "

Outra vez outra pessoa disse isso:

"A liderança pode ser aprendida até certo ponto, mas não pode ser totalmente aprendida devido a essa componente genética...

Figure 4.3.1b leadership as qualities

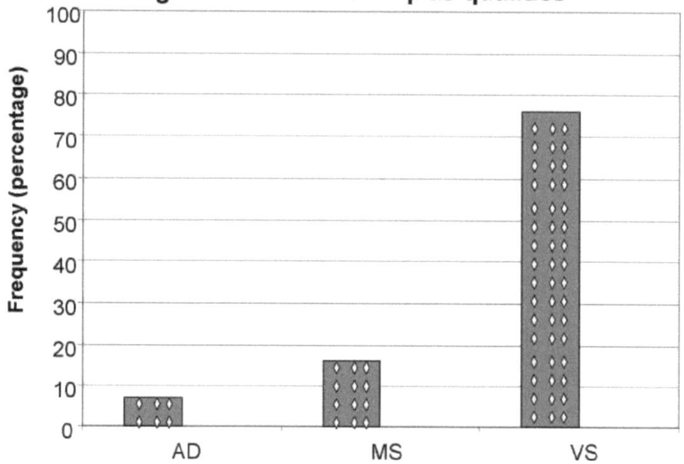

Respostas. Fonte: Inquérito de campo 2008

A Figura 4.3.1b revela que 76,8% do total de inquiridos acreditam firmemente que ser líder significa possuir qualidades únicas como autoconfiança, coragem, perseverança, carisma, capacidade de comunicação, inteligência e criatividade, 16,8% têm opiniões moderadamente fortes e 6,4% têm opiniões adequadas. Além disso, as respostas da entrevista presencial confirmaram a perceção de que os líderes possuem bons atributos como carisma, autoconfiança, coragem, criatividade e perseverança. Quando questionados sobre como adquiriram as caraterísticas acima referidas, todos os entrevistados afirmaram que os líderes nasceram com elas. Seguem-se alguns dos pontos de vista que expressaram durante a entrevista:

"Os líderes... são conhecedores, uma vez que a maioria dos líderes pode ser mais instruída do que os seus subordinados... "

"A maior parte dos líderes são inteligentes, o que se pode ver no seu discurso e nas suas interações com as pessoas, são capazes de tomar iniciativas por si próprios e são criativos".

Figura 4.3.1c Liderança significa nascer e aprender a tornar-se um

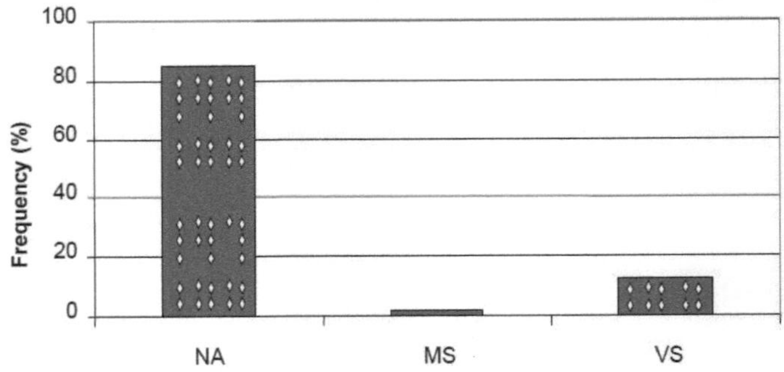

Respostas. Fonte: Inquérito de campo 2008

A Figura 4.3.1c indica que, do total de 56 respostas, 48 inquiridos, ou seja, 85,7% do total de inquiridos, indicaram que não acreditavam que a liderança significasse nascer como líder e aprender a tornar-se um e, como tal, esta conceção de liderança não lhes era aplicável. Apenas 7 inquiridos tinham uma opinião muito forte sobre a questão abordada nesta secção, o que representa 12,5%, e apenas um inquirido tinha uma opinião moderadamente forte, o que representava 1,8% do total das respostas. Os resultados das entrevistas indicaram que, embora alguns indivíduos da T-Poly entendessem que liderança significa nascer com personalidade de líder, e não nascer como líder, acreditavam, no entanto, que o comportamento de liderança é algo que pode ser aprendido, como resumido nas seguintes percepções que expressaram:

"... é preciso completar as caraterísticas com que se nasce... cabe ao indivíduo aperfeiçoar ou desenvolver essas caraterísticas ou, se possível, os outros devem dar-lhe a oportunidade de o fazer "

"Não existe uma forma peculiar de adquirir estas caraterísticas, algumas pessoas nascem com elas e, no processo de aprendizagem, também as adquirimos... também aprendemos com outras pessoas, também podemos adquirir conhecimentos sobre liderança. "

"Pode aprender as funções e responsabilidades da liderança "

"Também se pode aprender a tornar-se um líder lendo as suas autobiografias, vendo documentários sobre eles... ouvindo as suas histórias de sucesso e os seus desafios... "

Figure 4.4.0 Leadership as generation of vision

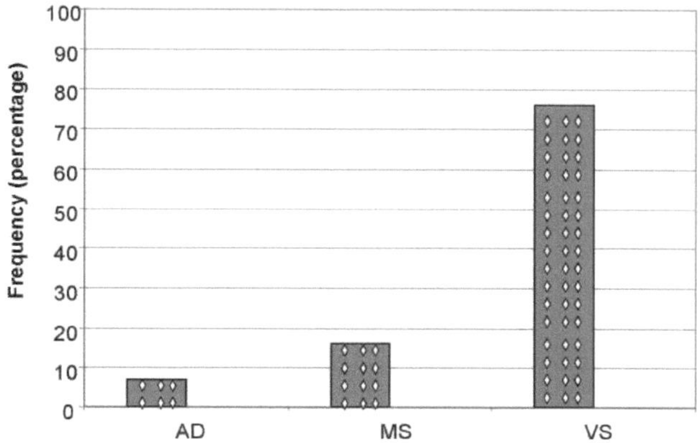

Respostas. Fonte: Inquérito de campo 2008

A Figura 4.4.0 mostra que 76,8 % do total de respostas válidas expressaram sentimentos muito fortes sobre a perceção de que a liderança é um comportamento que inclui a criação de uma visão, influenciando, motivando e capacitando os outros para atingir objectivos realistas. Nenhum inquirido discordou desta conceção, uma vez que 16,1 % tinham opiniões moderadamente fortes sobre esta perceção e 7,1 % tinham opiniões adequadas.

Também das entrevistas foram obtidos os seguintes comentários para apoiar as conclusões acima referidas:

"As visões estão ligadas à missão de uma organização, sem visão, as organizações não terão missões, os líderes tornar-se-ão míopes... quando se tem uma visão, tenta-se desenvolver e isso evita a estagnação das organizações, adoptam-se novas formas de fazer as coisas de modo a melhorar o progresso em direção à visão."

"A liderança consiste em ter uma visão e os líderes devem definir a sua visão e, depois disso, devem tomar as medidas necessárias para chegar à sua visão, trabalhando para a concretizar"

"Os líderes dão aos seus subordinados diretrizes que os orientam para essa visão. "

Figura 4.5.0 Tarefa de liderança, comportamento e relação com o liderado

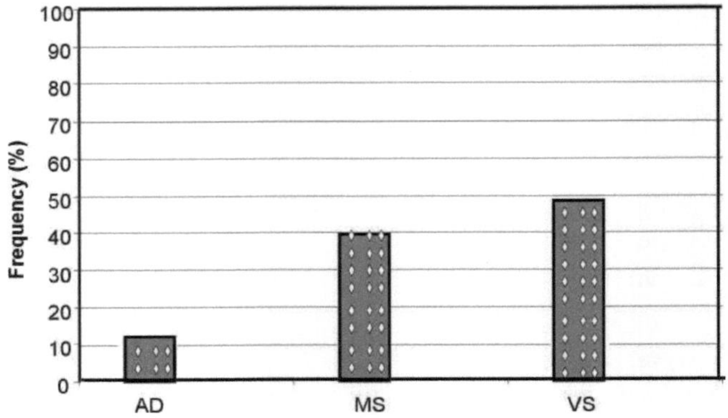

Respostas. Fonte: Inquérito de campo 2008

A Figura 4.5.0 examinou a perceção da Liderança como uma função ou um processo de grupo. Este elemento da investigação visava explorar se o significado de liderança para os inquiridos se baseava na medida em que os líderes se associavam pessoalmente às suas funções e aos seus subordinados. Assim, a figura 4.5.0 demonstra que 46,4 % dos inquiridos concordaram fortemente com esta perceção, 41,1 % das classificações foram moderadamente fortes e 12,5 % obtiveram uma classificação adequada. Quando questionados, durante a entrevista, se a liderança se prendia com a definição de objectivos de desempenho e com a ajuda àqueles que se esforçam por atingir os objectivos de desempenho, algumas das respostas dadas foram as seguintes

"Os objectivos são alcançados com a ajuda de outras pessoas com quem os líderes estão a trabalhar, pelo que devem fazer tudo o que puderem para as inspirar... devem ser supervisionadas para trabalharem como esperado", e

"Os líderes têm objectivos e estabelecem metas, pelo que precisam de instituir regras que lhes permitam fazer com que os seus subordinados atinjam as metas esperadas"

Figura 4.6.0 A liderança como satisfação das expectativas dos subordinados

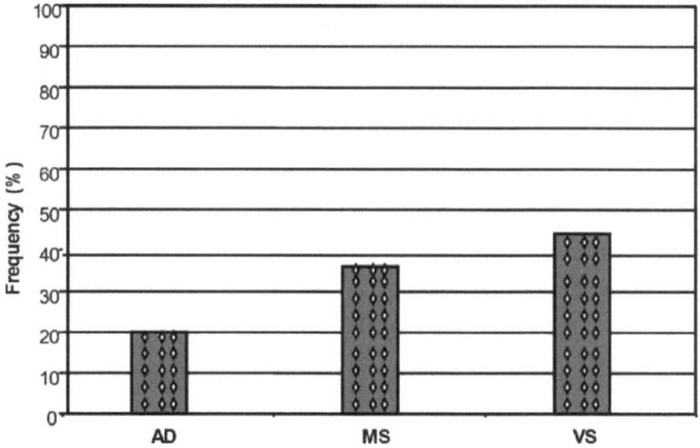

Respostas. Fonte: Inquérito de campo 2008

O objetivo deste item do questionário do inquérito, representado na figura 4.6.0, era explorar se o significado de liderança para os participantes na investigação se baseava na forma como viam o comportamento dos líderes como tendo um efeito motivador sobre eles e satisfazendo as suas necessidades se tivessem um desempenho eficaz. Esta conceção de liderança depende da forma como **os líderes** fornecem a direção e o apoio necessários, incluindo a consulta dos seus subordinados para atingir os objectivos estabelecidos. Assim, os resultados da figura 4.6.0 estabelecem que 42,9% dos inquiridos acreditam firmemente que a liderança consiste em satisfazer as expectativas dos subordinados. 37,5 % dos inquiridos deram uma classificação de moderadamente forte, com 19,6 % de classificação adequada.

Figura 4.7.0 líderes como agentes de mudança

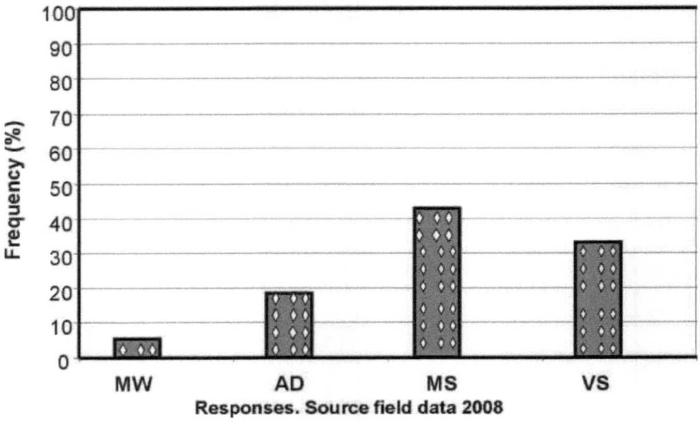

Na figura 4.7.0, das 56 respostas válidas, 33,9 % dos inquiridos têm uma opinião muito forte sobre a perceção da liderança como liderança da mudança e transformação das organizações e dos liderados para melhor, 41,1 % classificam-na como moderadamente forte, 19,6 % classificam-na como adequada e 5,4 % classificam-na como moderadamente fraca. Além disso, durante a entrevista, quando se perguntou aos entrevistados se consideravam a liderança como significando, fazendo a diferença, criando uma mudança positiva ao proporcionar as condições necessárias para a mudança, eles concordaram com esta perceção, tal como confirmado pelos seus comentários abaixo:

"Os líderes devem ser inovadores no sentido de que ... é melhor deixar um legado, e é esse legado e as inovações que conduzem à mudança".

Outra pessoa disse o mesmo:

"Reestruturam as organizações para se adaptarem e responderem às mudanças tanto no seu ambiente externo como interno. "

E:

"Proporcionam uma liderança multidimensional, como a liderança empresarial e transformacional, através da reforma ou revolução das operações e da gestão das organizações "

"A liderança empreendedora é uma liderança criativa, que gera novas ideias que motivam e dão esperança às pessoas para que possam dar o seu melhor. "

Uma pessoa indicou que a liderança nem sempre tem a ver com liderar pessoas, mas pode ser a liderança de ideias:

"Em situações excepcionais, por exemplo, durante crises, a forma como alguém contribui com ideias ou com as suas ideologias pode fazer com que seja considerado um líder."

Quando questionados sobre a forma exacta como os líderes lideram e gerem a mudança e sobre o tipo de mudança, obtiveram as seguintes respostas

"Estou a falar de uma mudança que é progressiva no sentido em que pode trazer desenvolvimento de ideias, recursos humanos... desenvolvimento físico".

E:

"Ao orientar e motivar os seus subordinados para trabalharem em prol dos objectivos de uma organização, a motivação também pode ser a forma como o líder se comporta em relação aos seus subordinados. Se está a liderar para a mudança, tem de ser um modelo a seguir."

A Figura 4.7.1 centrou-se na perceção da liderança como uma relação de apoio paternalista com o liderado, e envolve a mentoria, ou seja, o ato consciente de alguém que procura orientar e apoiar o desenvolvimento de outra pessoa para alcançar um melhor desempenho, de modo a atingir os objectivos estabelecidos. 28,6 % dos inquiridos classificaram a perceção da liderança como uma relação de apoio paternalista com o liderado como muito forte, 32,1 % obtiveram uma classificação moderadamente forte, incluindo 30,4 % de classificação adequada, 7,1 % de classificação moderadamente fraca e 1,8 % de classificação muito fraca.

Figura 4.7.1 liderança como relação paternalista

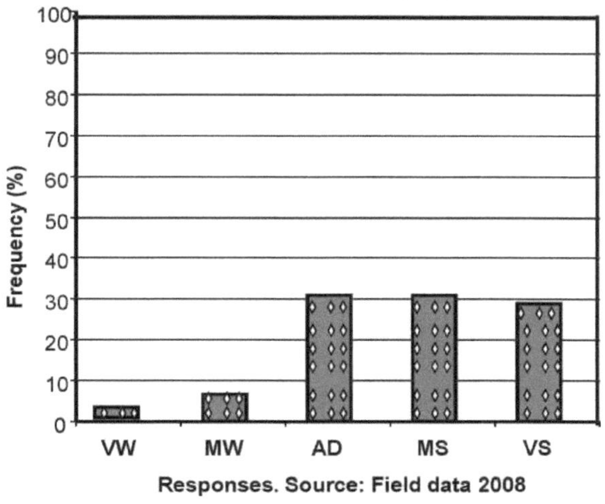

As seguintes respostas da entrevista também apoiam o ponto de vista acima referido sobre o significado de liderança:

"Os líderes são vistos pelos subordinados como alguém em quem podem confiar e com quem podem aprender "

"Os líderes são modelos a seguir; os subordinados admiram os seus líderes e têm um bom desempenho."

"A capacidade de mobilizar bem as pessoas depende do facto de os líderes terem uma boa relação com os seus subordinados e, consequentemente, de obterem resultados... os outros considerarão essa pessoa como um bom líder. "

No entanto, um inquirido manifestou uma opinião diferente no que diz respeito aos peritos, considerando que lhes deve ser dada alguma flexibilidade para usarem o seu poder discricionário para cumprirem os objectivos de desempenho e serem inovadores:

"Com os especialistas, a forma como trabalham não é tão importante como a sua capacidade de atingir os objectivos de desempenho, e é nisso que os seus líderes devem estar interessados."

Figura 4.7.2 A perceção da liderança como carisma ou inspiração

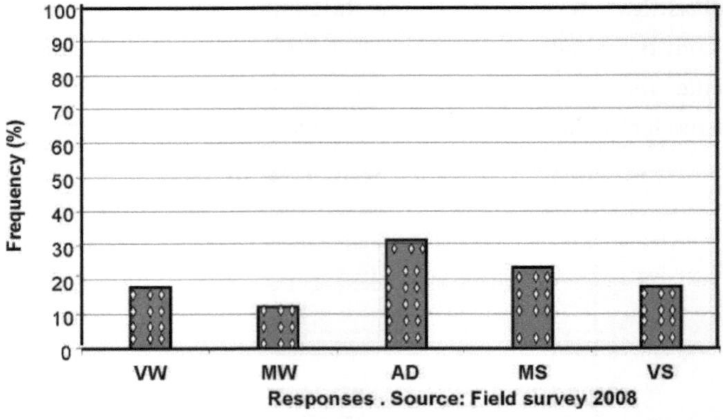

Esta parte do questionário procurava explorar se a liderança, para os participantes na investigação, significava ser carismático ou inspirador. Esta conceção de liderança baseia-se na consideração de um indivíduo que, durante as crises, é visto como uma pessoa altamente dominante que é empática em relação às necessidades críticas de um grupo. A figura 4.7.2 mostra que 16,1 % dos inquiridos classificaram esta conceção como sendo muito forte e muito fraca, 23,2 % classificaram-na como moderadamente forte, 32,1 % deram-lhe uma classificação adequada, enquanto 12,5 % a consideraram moderadamente fraca.

Figura 4.7.3 Perceção da liderança como sendo autocrática

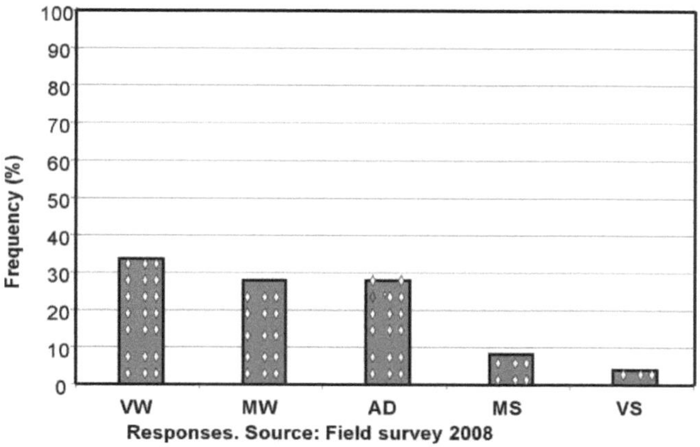

A figura 4.7.3 apresenta as classificações obtidas dos inquiridos com base na definição de liderança como sendo autocrática, ou seja, a capacidade de obter conformidade sem reconhecer os direitos, valores, necessidades ou expectativas dos liderados. 30,4 % das respostas válidas classificaram esta impressão sobre a liderança como muito fraca, 28,6 % como moderadamente fraca, 28,6 % adequada, 8,9 % moderadamente forte e 3,5 % classificaram-na como muito forte.

As respostas da entrevista sobre a noção de liderança acima referida mostraram que, para os inquiridos, não era isso que significava liderança, como se segue:

"Não é possível, é preciso ter em conta os regulamentos de uma organização, por isso não se pode usar os nossos valores e outras coisas para liderar as pessoas, misturar os valores dos subordinados com os nossos para que os nossos valores se tornem aceitáveis para eles, em vez de lhes impormos os nossos valores".

"Se não tentarmos liderar os subordinados de uma forma que eles apreciem... somos... um líder autocrático, quando os lideramos de uma forma que eles esperam, eles terão confiança em nós... (Isso) melhora o desempenho. Considero-o uma liderança democrática".

"Se aterrorizarem também os vossos trabalhadores, os bons vão-se embora... "

"Os subordinados devem vê-lo como um líder que os está a servir e não a mandar neles, devem ser envolvidos na tomada de decisões para que não se possam rebelar contra elas... "

"Fiquei satisfeito com o aspeto do envolvimento dos subordinados mencionado numa das perguntas, porque um líder serve como representante dos seus subordinados, não

se deve ver como separado deles, está apenas a levá-los a atingir objectivos, não está a trabalhar para si próprio nem está acima dos outros, porque qualquer um deles também se pode tornar um líder, é apenas devido a certos factores como a sua qualificação... ou ideias... esta é a razão fundamental pela qual as pessoas estão atualmente a ter problemas com a liderança, e é isto que dá origem à questão, quem é um líder? "

"Não, não é adequado para qualquer líder que se preze liderar as pessoas de acordo com o seu próprio sistema de valores, uma vez que uma pessoa não é um repositório de conhecimentos, os líderes devem fazer um brainstorming com os seus subordinados para conhecerem também os seus pontos de vista, o seu sistema de valores que pode ter catapultado um líder para a atual posição de liderança deve ser utilizado minimamente. Será suicida ou ingénuo confiar apenas no seu sistema de valores. "

"Não, as pessoas conhecem os seus direitos... podem procurar reparação; as leis protegem atualmente os direitos dos trabalhadores"

Por oposição a:

"Sim, os líderes podem fazê-lo para servir os seus interesses pessoais, dividem a frente... em vez de seguirem as políticas organizacionais para implementar os objectivos, não o fazem, esses líderes são desviantes que criam confusão e conflito e agem desta forma para benefício pessoal "

É de salientar que alguns inquiridos afirmaram que os líderes são, por vezes, vistos como autocráticos, especialmente quando servem os seus interesses pessoais, como acontece numa empresa unipessoal e também em organizações que acabaram de começar a funcionar como uma entidade empresarial.

4.4 Exploração mais aprofundada dos estilos de liderança durante as entrevistas

O significado de liderança para os participantes na investigação foi aprofundado durante a entrevista, a fim de examinar em profundidade os resultados obtidos no inquérito por questionário, de modo a obter mais informações sobre o significado de liderança. Seguem-se algumas das opiniões expressas sobre (1) se os inquiridos pensam que a liderança se baseia numa abordagem relacional ou numa abordagem de liderança interactiva, que envolve a comunicação com os subordinados e o seu envolvimento, através de um estilo de liderança democrático? Um inquirido expressou a seguinte opinião:

"A capacidade de mobilizar bem as pessoas depende do facto de os líderes terem uma boa relação com os seus subordinados e, consequentemente, de obterem resultados...

os outros considerarão essa pessoa como um bom líder. "

"Para além das suas caraterísticas, o que diferencia a forma como as pessoas lideram depende da forma como utilizam as funções básicas (de liderança) de controlo, direção... se alguém apenas controla, considero que se trata de uma liderança deficiente, ou seja, que utiliza apenas uma função de liderança, deve ser visto como utilizando todas elas para corresponder a determinadas situações... se se concentrar numa função de liderança, como o controlo ou a direção, as pessoas dirão ... que se trata de uma liderança ditatorial. "

"Com uma liderança democrática e participativa, serão necessários alguns elementos de liderança autocrática, porque algumas decisões não devem ser deixadas aos subordinados, por exemplo, as políticas de emprego das organizações..."

Os entrevistados foram ainda questionados sobre se o desempenho da liderança tinha algo a ver com o género. A maior parte deles considera que as mulheres líderes são atenciosas e têm princípios, enquanto os homens líderes podem, por vezes, ser flexíveis, como o expressa um entrevistado da seguinte forma

"Os homens podem usar as mesmas abordagens à liderança, mas o comportamento de liderança das mulheres é diferente, elas são carinhosas e apaixonadas... os líderes masculinos deixam-se influenciar pelas mulheres, o que afecta o seu estilo de liderança, e dobram as regras para favorecer essas mulheres. As mulheres líderes não costumam fazer isso "

Outros inquiridos consideraram a liderança praticada pelas mulheres como assertividade, alguns inquiridos disseram que os homens também afirmam a sua masculinidade, mas atribuem a assertividade da liderança feminina a situações sociais ou organizacionais, à cultura e ao chauvinismo masculino, especialmente numa sociedade dominada pelos homens como o Gana, e que isto pode afetar a relação líder/subordinado e o desempenho em geral.

Sobre a assertividade da liderança, um dos comentários feitos foi o seguinte

"... quer se seja homem ou mulher, de vez em quando é preciso afirmar-se"

Os inquiridos também entenderam a liderança como algo que está ligado à cultura tanto do líder como do liderado, e ao seu modo preferido de liderança.

4.5 Resumo

Não obstante o facto de esta investigação ter gerado um conjunto de dados comparativamente pequeno, foi possível obter esses dados de 83,3% dos inquiridos, cujas respostas resultaram na recolha de informações relevantes e úteis que revelaram várias percepções de liderança, o que permitiu uma melhor compreensão do significado de liderança para os indivíduos na T-Poly; consequentemente, forneceu os dados pertinentes para a discussão dos resultados no capítulo 5.

CAPÍTULO 5

DISCUSSÃO DOS RESULTADOS

5.1 Conceção da liderança como traços ou qualidades

As Figuras 4.3.1a e 4.3.1b revelaram que, apesar de os indivíduos da T-Poly não conceberem a liderança como significando pessoas que nascem líderes, tinham, no entanto, uma forte convicção de que a personalidade e os traços distintivos como a perseverança, a autoconfiança, a inteligência, a honestidade, a coragem, a criatividade, entre várias outras caraterísticas apelativas que os líderes eficazes e únicos possuem, eram inatos (As-Sadeq & Khoury, 2005; Bass, 1990). Para estes indivíduos, os não-líderes podem igualmente nascer com estes traços, mas não nas mesmas proporções que os líderes, tal como salientado por um entrevistado que, foi devido a esse "fator genético", ou seja, estes traços de liderança dominantes vêm naturalmente, e como tal não foram facilmente aprendidos (As-Sadeq & Khoury, 2005; Bass, 1990; Jacques et al., 2008; Jogulu & Wood, 2006). Além disso, os pontos de vista expressos durante a entrevista por estes indivíduos também representaram predominantemente a conceção de liderança acima referida como sendo a forma como entendiam a liderança. Isto pode ser atribuído ao facto de que, a partir do seu conhecimento, experiência e observação de líderes individuais históricos e contemporâneos, nos contextos internacional, nacional, local, tradicional e organizacional, que se distinguiram, exibiram estas competências de liderança de sucesso reconhecíveis, que se pensa serem hereditárias, e não aprendidas através de formação formal ou informal (As-Sadeq & Khoury, 2005; Bass, 1990; Jacques et al., 2008; Jogulu & Wood, 2006).

5.1.1 Liderança é tanto nascer líder como aprender a tornar-se líder

Os resultados da entrevista presencial e, sobretudo, do inquérito por questionário, apresentados na figura 3.1.c, indicam que a maioria dos indivíduos da T-Poly não concebeu a liderança como a criação de líderes, o que implica nascer com personalidade de líder e aprender a tornar-se um, mas reconheceu que, apesar de a personalidade de líder ser inata, o comportamento de liderança pode ser aprendido através do ensino, e esta conclusão é consistente com os pontos de vista dos investigadores de liderança (Avolio & Gibbons, 1998, citados em Janson, 2008; Jacques et al., 2008; Miller et al., 2007).

5.2 A definição de liderança como comportamento

Os resultados apresentados nas figuras 4.5.0 indicam claramente que a maioria dos indivíduos da T-Poly também definiu a liderança como uma atitude ou comportamento que resulta em acções desejáveis que os seus seguidores apreciam e antecipam. Por outras palavras, a sua compreensão da liderança baseou-se no que os líderes fazem, ou seja, como se comportam, e nos actos palpáveis que os líderes realizam para os liderados e para as organizações enquanto actuam como líderes, tal como reiterado durante a entrevista, "sente-se" (Elliot & Stead, 2008; Stogdill, 1974). O comportamento de liderança para estes indivíduos também significou a geração de uma visão que visa atingir objectivos individuais e organizacionais, e orientar os subordinados para compreenderem e trabalharem para atingir essa visão, o que é consistente com outros resultados de investigação sobre tarefas e comportamentos de liderança (Dufour & Steane, 2006; Kakabadse et al., 2005; Pounder, 2008; Bolden, 2004).

5.2.1 Comportamento de liderança; a perceção da liderança como satisfazendo as expectativas dos subordinados.

Os resultados apresentados na figura 4.6.0 demonstram que o significado de liderança para os indivíduos da T-poly também se baseou no comportamento de liderança que inclui satisfazer as expectativas dos subordinados, e ser um líder que se preocupa com as pessoas, incluindo a tarefa de liderança (Limsila & Ogunlana,2008; Pinto, Thomas, Trailer, Palmer & Govekar, 1998; Stogdill, 1974). Entendem também a liderança como uma responsabilidade colectiva (Ospina & Schall, 2001) e o comportamento de liderança deve ser uma relação interpessoal com os liderados, cooperando com eles, motivando-os, reconhecendo as suas expectativas e procurando a sua participação, de forma a atingir os objectivos estabelecidos (Endrissat et al., 2005; Gleeson & Knights, 2008 Higgs, 2003). Esta perceção de liderança por parte destes indivíduos poderá estar relacionada com o facto de as pessoas terem vários tipos de necessidades físicas, emocionais e psicológicas, e esperarem que os seus contributos para o trabalho de uma organização sejam devidamente reconhecidos e recompensados em conformidade, para que progridam e se sintam motivados para trabalhar melhor (Dulewicz & Higgs, 2005; Gleeson & Knights, 2008, Maslow, 1943).

5.3 A perceção da liderança como um estilo

A maioria dos indivíduos da T-Poly entendia a liderança como um estilo, conforme indicado nos resultados das figuras 4.7.1 e 4.7.2. Para eles, a liderança como estilo é a capacidade de selecionar métodos de liderança adequados ao contexto ou à organização, centrados nas pessoas, e que reconhecem o valor dos subordinados, de modo a gerar o seu empenho em atingir os objectivos de desempenho (As-Sadeq & Khoury, 2005; Bass, 1997; Hofstede, 1980; Limsila & Ogunlana, 2007; Pawar, 2003;

Shahin & Wright, 2004). Estes estilos de liderança foram entendidos por eles como implicando a capacidade da liderança para combinar dois ou mais dos seguintes estilos de liderança: democrático, carismático, paternalista, transacional, assertivo, transformacional, orientado para o género e estilos de liderança servil, o que resultará no envolvimento e lealdade dos subordinados e na mudança nas organizações (Beugre et al, 2006; Dulewicz & Higgs, 2005; Knights & Willmot, 2007, citados em Gleeson & Knight, 2008; Pounder, 2008 ;Williams, 2007;). É de salientar que a maioria dos indivíduos rejeitou a liderança autocentrada, caótica, autocrática ou narcisista como o significado de liderança para eles na figura 4.7.3 (Pullen e Rhodes, 2008). Isto porque, para além do facto de minar a liderança servidora (Greenleaf, 1997), esta forma de liderança foi considerada inaceitável, negativa, fútil, irrealista, inconcebível e insustentável, especialmente quando se lida com pessoas que estão muito conscientes dos seus direitos, num contexto relativamente democrático de uma instituição académica terciária, com estruturas de tomada de decisões colectivas (Brazier, 2005; Cluley, 2008; Mayo,2000, citado em Simmons,2002; Rost, 1993; Trautmann et al,.2006). No entanto, alguns indivíduos na figura 4.7.3 consideraram-na como uma forma adequada de liderança em algumas situações.

Além disso, na secção 4.7.4, os resultados da entrevista de alguns indivíduos na T-Poly mostraram que também davam sentido à liderança com base no género dos líderes e nos seus estilos de liderança preferidos (Omar & Davidson, 2001, citado em Jogulu & wood, 2006). Embora se considere que as mulheres utilizam uma liderança baseada na relação, também são líderes assertivas, o que foi atribuído ao contexto cultural da sua tarefa de liderança (Kariuki , 2008). No entanto, a assertividade foi considerada necessária para todos os líderes, independentemente do seu género (Kirkpatrick & Locke, 1991).

5.4 Resumo

Apesar de os resultados desta investigação se basearem em dados limitados, contribuíram efetivamente para a compreensão do significado da liderança para os indivíduos na T-Poly. No capítulo 6, a conclusão desta investigação, irá aprofundar a relevância dos resultados deste estudo para a prática e o conhecimento da liderança. Também serão tiradas conclusões sobre a forma como os objectivos desta investigação foram alcançados.

CAPÍTULO 6

CONCLUSÃO E REFLEXÃO

6.0 Introdução

A importância da liderança para a sociedade e para as organizações tem sido abordada por vários investigadores e, como salienta D'Intino et al. (2008:47), "A continuidade da liderança pode fazer ou destruir uma organização". A compreensão da liderança é um processo de criação de significado, e os indivíduos concebem a liderança não só a partir dos traços ou do comportamento dos líderes, mas também a partir das suas experiências pessoais de liderança (Shamir & Eilam, 2005). Assim, cada pessoa tem a sua própria conceção cognitiva de liderança e pontos de vista teóricos, pelo que é necessário ver a liderança a partir dos olhos de quem a experimenta, num contexto específico.

6.1 Reflexão sobre o objetivo, a metodologia e os principais resultados desta investigação

Esta investigação explorou o significado de liderança para os indivíduos da T-Poly, a fim de saber se a sua compreensão da liderança se baseia no que os líderes são (caraterísticas), fazem (comportamento) e como o fazem (estilo)? Foram empregues vários métodos neste estudo de caso (Yin, 2003), que incluíram uma revisão exaustiva da literatura e a utilização de um método de investigação misto para gerar dados quantitativos primários a partir de um questionário anónimo auto-administrado de cinco pontos na escala de Likert, e um protocolo de entrevista semi-estruturado presencial, para recolher dados qualitativos primários, através da triangulação de fontes de dados, a fim de atingir os objectivos da investigação, responder às questões de investigação e para obter resultados fiáveis (Creswell, 2003; De Vaus, 2002; Saunders et al., 2007). A principal conclusão desta investigação foi que, para os indivíduos de um Politécnico de Takoradi, a liderança significa fazer as coisas certas com habilidade, ou seja, a posse de competências inatas únicas e valiosas e acções visíveis ou comportamentos de liderança que trazem sucesso às organizações e aos indivíduos. Isto implica que os objectivos desta investigação foram fundamentalmente alcançados nos capítulos 2 e 4.

6.2 Reflexão sobre o significado desta investigação

Espera-se que esta investigação possa ajudar os profissionais de liderança na T-Poly a compreender como os seus subordinados esperam que eles sejam, se comportem, se relacionem com eles, e os métodos de liderança que consideram adequados para liderar pessoas (Hersey & Blanchard ,1993). Além disso, ajudará os líderes que se sentem incapacitados em certos aspectos das suas tarefas de liderança a aprender a liderar bem, de modo a aumentar o empenho dos subordinados e a satisfação das suas expectativas, para que os objectivos organizacionais e individuais possam ser alcançados, o que pode afetar positivamente a integridade e a imagem pessoal dos líderes. O conhecimento do significado de liderança para os indivíduos na Takoradi Polytechnic, e os factores que influenciam essas concepções, também ajudará os líderes actuais e futuros da instituição a identificar os seus pontos fortes e fracos, e também a alinhar as suas práticas cruciais de gestão de recursos humanos com os objectivos estratégicos da organização. Isto pode eventualmente resultar no acréscimo de valor para a organização, ao proporcionar uma liderança eficiente e centrada nas pessoas para o seu recurso-chave, ou seja, os seus recursos intelectuais, cujas expectativas de desenvolvimento pessoal e profissional devem ser satisfeitas de uma forma ou de outra, para alcançar um desempenho eficaz (Omar & Davidson, 2001; Simmons, 2002).

6.3 Limitações da investigação

Esta investigação explorou o significado da liderança para os indivíduos na T-Poly. A informação necessária para facilitar este estudo foi obtida a partir das experiências dos participantes na investigação e da revisão da literatura sobre liderança. A população da pesquisa era pequena, devido a razões óbvias apresentadas no capítulo 3. Além disso, o autor estava a investigar um grupo e um tópico muito discretos, pois as questões sobre liderança não são coisas que as pessoas estejam dispostas a discutir aberta e francamente na organização, pelo que o potencial gargalo era como garantir eticamente que os participantes na investigação expressariam genuinamente as suas percepções sem qualquer receio de represálias; afinal, esta investigação não visava julgar a liderança ou determinados líderes, mas apenas "julgar" ou explorar a forma como os indivíduos entendem a liderança a partir das suas experiências pessoais.

6.4 Investigação adicional

Uma vez que esta investigação baseou os seus resultados na perceção de liderança dos participantes durante o desenrolar da investigação, em vez de explorar o significado de liderança para eles através de uma abordagem longitudinal, é possível realizar uma investigação adicional no futuro para explorar melhor o significado de liderança destes indivíduos na T-Poly. Mais uma vez, existe o potencial de realizar esta mesma investigação noutros institutos politécnicos do Gana, para comparar as suas percepções sobre a liderança e explorar as diferenças ou semelhanças na forma como definem a liderança. Também existe a possibilidade de explorar se a política organizacional influencia a forma como as pessoas percepcionam os líderes num contexto específico.

6.5 Conclusões

A liderança é a força motriz do sucesso organizacional (Dufour & Steane, 2006). A literatura sobre liderança concentra-se sobretudo no efeito da liderança nos subordinados, nas empresas e na sociedade, sem falar muito sobre a forma como os subordinados percepcionam a liderança a partir das suas experiências pessoais e da sua vida quotidiana (Endrissat et al., 2005; Janson, 2008; Ospina & schall, 2000). Consequentemente, esta investigação utilizou uma estratégia de investigação de estudo de caso, e um método de investigação misto, para explorar o significado de liderança para os indivíduos em T-poly, a fim de determinar se as suas percepções de liderança se baseavam no que os líderes são (ou seja, as suas caraterísticas) fazem (ou seja, o seu comportamento) e como o fazem (ou seja, o estilo de liderança).

A principal conclusão deste estudo foi que os indivíduos da T-Poly definiram a liderança como uma atitude ou comportamento, que resulta em acções desejáveis que os seus seguidores normalmente antecipam e apreciam. Por outras palavras, a sua compreensão da liderança baseava-se no que os líderes fazem, ou seja, como se comportam, e nos feitos palpáveis que os líderes alcançam com as suas acções, que beneficiam os liderados e as organizações, enquanto actuam como líderes, como reiterado durante a entrevista, "sente-se" (Dufour & Steane, 2006; Elliot & Stead, 2008; Kakabadse et al., 2005; Stogdill, 1974). A liderança também foi percepcionada como uma personalidade e um estilo pelos indivíduos em T-Poly (As-Sadeq & Khoury, 2006). Assim, as pessoas que desejam tornar-se líderes, e as que já ocupam posições de liderança na T-Poly, devem estar atentas à forma como os seus subordinados percepcionam a liderança, de modo a melhorarem a sua abordagem à liderança, para a consecução dos objectivos individuais e organizacionais, e para um melhor desempenho. Os resultados desta investigação foram muito reveladores e, sendo eu funcionário da T-Poly, esta investigação foi muito esclarecedora para mim.

REFERÊNCIAS

Alimo-Metcalfe, B. (1995). "An investigation of female and male constructs in leadership", *Women in Management Review,* 10(2), 3-8

Alimo-Metcalfe, B. & Lawler, J. (2001). "Leadership development in UK companies at the beginning of the twenty-first century", *Journal of Management in Medicine,* 15(5), 387-404

Ames, R.D., & Flynn, J.F. (2007). "Personality Processes and Individual Differences, What Breaks a Leader: The Curvilinear Relation Between Assertiveness and Leadership," Journal of Personality and social Psychology, 92(2), 307-324. (Online) Disponível em http://www.apa.org/journals/releases/psp922307.pdf. Avaliado em 5 de agosto de 2008

Argyris, C. (1991). "Teaching smart people how to learn", *Havard Business Review,* 69(3), 99- 109

Asheghian, P., & Ebrahimi, B. (1990), "International Business". Harper and Row Publishers, NY

As-Sadeq, A.H., & Khoury, C.G. (2006). "Leadership styles in the Palestinian large-scale industrial enterprises", *Journal of Management Development,* 25(9), 823-849

Bass, B.M. (1990). *Bass & Stogdill's Handbook of Leadership,* 3ª ed., Free Press, Nova Iorque, NY

Barber, P. (2005). "The Shadow-Side of Leadership Stifling Creativity & Fostering Collusion in Training Organisations", *Organisations & People,* 12(1), 97-104

Bartlett,F. C. (1926). "The Social psychology of leadership", *Journal of the National Institute of Industrial Psychology,* 3(18), 8-193

Bass, B. (1990). *Bass & Stogdill's Handbook of Leadership:* Theory Research and Management Applications (3ed.), Free Press, New York, NY.

Bass, B. (1997). "O paradigma transacional-transformacional ultrapassa as fronteiras organizacionais e nacionais?" *American psychologist,* 52(1), 130-9

Bennis, W. G. (1997) Organizing Genius: The secrets of creative collaboration. Reading, MA: Addison-Wesley

Benson, G. S. (2006). "Employee development, commitment and intention to turnover: a test of 'employability' policies in action", *Human Resource Management Journal,* 1(2),173-192.

Berger, P. L. & Luckmann, T. 1966. ***The social construction of*** *reality,* Nova Iorque: Doubleday

Beugre, C., D., Acar, W. & Braun, W. (2006). "Transformational leadership in Organisations: an environment-induced model", *International journal of Manpower,* 27(1), 52-62

Beyer, J.M. (1999). "Taming and promoting charisma to change organizations," The *Leadership Quarterly,* 10(2), 307-331

Blau, P. M. (1964). *Exchange and power in social life,* Nova Iorque: Wiley

Bolden, R. (2004). "What is Leadership", Universidade de Exeter, Centro de Estudos de Liderança, Leadership South West, Relatório de Pesquisa 1. [Em linha] Disponível em www.leadershipsouthwest.com. Avaliado em 9th maio, 2008

Brewerton, P. e Millward, L. (2001). *Organizational Research Methods*, Londres: Sage Publications.

Brazier, D.K. (2005), "Influence of contextual factors on health-care leadership", *Leadership and Organization Development Journal,* 26(2), 128-40

Bryan, C. J. (2005). "Three-Tier Management: A Structure for Trusted Managerial Leadership", *Organisations & People,* 12(1), 66-75

Burgoyne, J., & Pedler, M. (2005). "Valuing Leadership Development: A Practices & Challenge Approach", *Organisations & People*, 12(1), 42-52

Burnes, B. (2004). "Mudança emergente e mudança planeada - concorrentes ou aliados?" *International Journal of Operations & Production Management,* 24(9), 886-902.

Burns, J.M. (1978), *Leadership,* Harper Torchbooks, Nova Iorque, NY

Cardona, P. (2000). "Transcendental leadership", *The Leadership & Organization Development Journal*, 21(4), 201-206

Chen, C.J. (2004). "Leadership effectiveness, leadership style and employee readiness", *Leadership &Organization Development Journal,* 26(4), 280288

Cluley, R. (2008). "The Psychoanalytic Relationship between Leaders and Followers", *Leadership,* 4(2), 201-212

Creswell, J.W., Plano Clark, V.L., Gutmann, M.L., & Hanson, W.E. (2003). An Expanded Typology of Classifying Mixed Methods Research Into Designs. Em A. Tashskkori & C.Teddlie (Eds), Handbook of mixed methods in social and behavioral research (pp. 209-240). Thousand Oaks, CA: Sage

Creswell, J.W, Shope R., Plano Clark, V.L., & Green, O.D. (2006). Como a investigação interpretativa alarga a investigação de métodos mistos, *INVESTIGAÇÃO NAS ESCOLAS,* 13(1),1-11

Day, D.V. (2000), "Leadership development: a review in context", *Leadership Quarterly,* 11(4), 581-613.

Deluga, R.J. (1992), "The relationship of leader-member exchange with laissez faire, transactional, transformational leadership in naval environments", em Clark, K.E., Clark, M.B. e Campbell, D.P. (Eds), Impact of Leadership, Centre of Creative Leadership, Greensboro, NC, 237-47

De Vaus, D. (2002). *Surveys in Social Research* (5th ed), Londres: Routledge: Taylor and Francis Group.

D'Intino, R.S., Boyles, T., Neck, C.P. & Hall, R. (2008) "Visionary entrepreneurial leadership in the aircraft industry: "The Boeing Company legacy", *Journal of Management History*,14(1),39-54.

Dobbins, G.H. e Russell, J.M. (1986), "Self-serving biases in leadership: a laboratory experiment", *Journal of Management,* Vol. 12(4), 475-83

Drath, W., & Palus, C. (1997) Making Common Sense: Leadership as Meaning making in a Community of Practice. Centro de Liderança Criativa

Dufour, Y. (2006). "Competitive Paradigms on strategic change: mapping the field and further research development", *Strategic Change,* 15,129-144

Dulewicz, V., & Higgs, M. (2005). "Assessing leadership styles and organisational context," *Journal of managerial psychology,* 20(2),105-123

Eisenhardt, K.M. (1989) "Building Theories from Case Study Research" in *Academy of Management Review,* 14(4), 532-550

Endrissat, N., Mueller, W.R., & Meissner, J. (2005). "Qual é o significado da liderança? A guided tour through a Swiss-German leadership landscape". In: K.M.Weaver (Ed), Proceedings of the Sixty-fifth annual meeting of the Academy of Management (CD), ISSN 1543-8643.

Ensari, N. & Miller, N. (2005), "Prejudice and intergroup attributions: the role of personalization and performance feedback", *Group Processes &I intergroup Relations,* 8 (4),391-410

Espedal, B. (2008). "Making Sense of Leadership in Norway: The View from Management Consultants", *Leadership,* 4(2), 181-200

Fieldler, F. (1964). "A contingency model of leadership effectiveness", em Berkowicz,L. (Eds.) *Advances in Experimental and Social Psychology,* Academic Press, New York, NY.

Fisher, C. (2007). *Researching And Writing A Dissertation; A GuideBook for Business Students,(2nd ed.).* Inglaterra: Pearson Education Limited.

Ford J. & Harding, N. (2007). "Move Over Management: We Are All Leaders Now", *Management Learning,* 35(5), 475-493

Gardner, H. (1995) Leading Minds: An Anatomy of Leadership. Nova Iorque, NY: Basic Books

Gavin, M.B., Green, S.G. & Fairhurst, G.T. (1995), "Managerial control strategies for poor performance over time and the impact on subordinate reactions", *Organizational Behavior& Human Decision Processes,* 63(2), 207-21

Ghobadian, A., Gallear, D., Viney, H., & O'Regan, N. (2007). "Melhoria do desempenho do sector público através de práticas de gestão do sector privado: uma solução satisfatória?" *Int.J. Business Performance Management,* 9(4), 363379

Gleeson, D., & Knights, D. (2008). "Reluctant Leaders: An Analysis of Middle Managers' Perceptions of Leadership in Further Education in England", *Leadership,* 4(1),49-72.

Goffee, R., Jones, G. (2000), "Why should anyone be led by you?" (Porque é que alguém deve ser liderado por si?) *Harvard Business Review,* setembro-outubro, 63-70.

Greenleaf, R. K. (1977) Servant Leadership: A Journey Into the Nature of Legitimate Power and Greatness [Uma Viagem à Natureza do Poder Legítimo e da Grandeza]. Mahwah, NJ: Paulist Press

Gronn, P. (1997). "Leading for learning: organizational transformation and the formation of leaders", *Journal of Management Development^* 16(4), 274-283

Den Hartog, D.N., Van Muijen, J.J., & Koopman, P.L. (1997). 'Transactional versus Transfromational leadership: An Analysis of the MLQ', *Journal of Occupational &Organizational Psychology,* 70(1), 19-29

Hautala, M. T. (2006). "The relationship between personality and transformational leadership", *Journal of Management Development,* 25(8),777-794

Hersey, P., Blanchard, K.H. (1993). Management of Organizational Behavior, Utilising HR, Prentice-Hall, Englewood Cliffs, NJ.

Hersey, P., Blanchard, K.H., & Johnson, D.E. (1996). Gestão do Comportamento Organizacional: Utilising Human Resources (7Ed.), Prentice-Hall, Englewood Cliffs, NJ.

Higgs, M. J. (2003). "Developments in leadership thinking". *Leadership & Organization Development Journal,* 24(5), 273-84

Hoffman, J., B. e Frost, C., B. (2006). "Multiple intelligences of transformational leaders: an empirical examination", *International Journal of manpower,* 27(1), 37-51

Hofstede, G. (1980), Culture's Consequences, Newbury, Nova Iorque, NY.

House, R., Hanges, P., Javidan, M., Dorfman, P., & Gupta, V. (2004). *Culture, Leadership, and Organisations The GLOBE study of 62 Societies,* Sage Publications Inc., Beverly Hills, CA.

Howell, J.M., & Avolio, B. (1993). 'Transformational Leadership, Transactional Leadership, Locus of Control, and Support For Innovation: Key Predictors of Consolidated Business-unit Performance", *Journal of Applied Psychology,* 78, 891-902

Jacques, P. H., Garger, J. & Thomas, M. (2008). "Assessing leader behaviors in Project managers", *Management Research News,* 3(1:1) 4-11

Janson, A. (2008). "Extracting Leadership Knowledge from Formative Experiences", *Leadership,*4(1), 73-94

Jogulu, D.U., & Wood, J.G. (2006). "The role of leadership theory in raising the profile of women in management", *Equal Opportunities International,* 25(4), 236-250

Kakabadse, N., Kakabadse, A., & Lee-Davies, L. (2005). "Visioning the Pathway: A Leadership Process Model", *European Management Journal,23(2),* 237246

Kariuki, W. (2008). "Daring to lead: The logic Behind the Leadership Practices of a Successful Female Leader", *Advancing Women In Leadership* Online Journal,28. (Online) Disponível em http://www.advancingwomen.com/awl/spring08/index.htm.Assessed a 5 de setembro de 2008

Kirkpatrick, A.S., & Locke, A.E. (1991). "Leadership: do traits matter?" *Academy of Management Executive,* 5(2), 48-60

Kourteli, L. (2005). "Scanning the business external environment for information: evidence from Greece", *IR Information Research,* 11(1). Disponível em: http: // InformationR.net/ir/11-1/paper242.html (Consultado em 8th maio, 2008).

Lakshman, C. (2008). "Attributional theory of leadership: a model of functional attributions and behaviours", *Leadership & Organization development Journal* ,29(4), 317-339

Lean, L. T. (2005). "Learning from Leaders", *Organisations & People,* 12(1), 9196

Leithwood, K., Louis, K.S., Andersen, S., & Wahlstrom, K. (2004), How Leadership Influences Student Learning: Review of Research, Center for Applied Research, University of Minnesota, Minneapolis, MN.

Limsila, K., & Ogunlana, S.O. (2007). "Performance and leadership outcome correlates of leadership styles and subordinate commitment", *Engineering, Construction and Architectural Mangement,* 15(2), 164-184

Masi, R.J., & Cooke, R.A. (2000). Effects of transformational leadership on subordinate motivation, empowering norms, and organizational productivity. *The International Journal of Organizational Analysis*, 8(1),1647

Maslow, A.H. (1943). 'a Theory of Human Motivation', *Psychological Review,* 50(4), 370-96

Miles, M. B. & Huberman, A. M. (1994). Qualitative data analysis: a sourcebook (2nd ed.), Thousand Oaks, CA: Sage.

Miller, D., L., Umble, K., E., Frederick, S.,L. & Dinkin, D.R. (2007). "Linking learning methods to outcomes in public health leadership development", *Leadership in Health services,* 20(2), 97-123

Omar, A., & Davidson, M.J. (2001). "Women in management: a comparative cross-cultural overview", *International Journal of Cross Cultural Management,* 8(3/4), 35-67

O'Regan, N., & Ghobadian, A. (2004). "Drivers of performance in small - medium-sized firms- an empirical study", *Int. J.Business Performance Management,* 6(2), 153-169

Oshagbemi, T. (2004). "Age influences on the leadership styles and behaviour of managers", *Employee Relations*, 26(1), 14-29

Ospina, S & Schall, E. (2000). "Perspectives on Leadership: Our Approach to Research and Documentation for the Leadership for Changing World Programme", Leadership for a Changing world, NewYork University, América

Pawar, B.S. (2003). 'Central Conceptual Issues in Transformational leadership Research, *Leadership &Organizational Development Journal,* 24(7), 397406

Pigg, K. (1999). Community leadership and community theory: A practical synthesis, *Journal of the Community Development Society,* 30(2), 196-212.

Pinto, J.K., Thoms, P., Trailer, J., Palmer, T. e Govekar, M. (1998), Project Leadership from Theory to Practice, Project Management Institute, Newtown Square, PA.

Pounder, J., S. (20080. "Full-range Classroom Leadership: Implications for the cross-Organizational and Cross-Cultural applicability of the transformational-transactional Paradigm", *Leadership*, 4(2), 115-135

Pullen, A. e Rhodes, C. (2008). "It's All About Me! Gendered Narcissism and Leaders' Identity Work", *Leadership*, 4(1), 5-25

Ricketts, K.G., & Ladewig, H. (2008). "A Path Analysis of Community Leadership Within Viable Rural Communities in Florida", *Leadership,* 4(2),137-157

Rost, J. (1993). Leadership for the Twenty-first Century, Westport: Praeger, 1993

Roupe,P., & Tippeconnic III,W.J. (1987). "Caraterísticas de liderança: A Comparison of Junior High School Students," Journal of American Indian Education, 26(3), 12-21. (Online) Disponível em http:jaie.asu.edu/index.htm/ Avaliado em 19th julho, 2008

Shahin, I. A., & Wright, L. P. (2004). "Leadership in the context of culture", *Leadership and Organizational Development Journal,* 25(6), 499-511

Shamir, B., & Eilam, G. (2005). Qual é a sua história? Uma abordagem de histórias de vida para o desenvolvimento de uma liderança autêntica. *The Leadership Quarterly*

Simmons, J. (2002). "An 'Expert witness' Perspective on Performance Appraisal in Universities and Colleges", *Employee relations,* 24(1), 86-100

Smith, M., & Cooper, C. (1994). "Leadership and stress", *Leadership and Organization Development Journal,* 15(2), 3-7

Sondergaard, S., Kerr, M., & Clegg, C. (2007). "Sharing Knowledge: Contextualising socio-technical thinking and practice", *The Learning Organisation,* 14(5), 423-435

Spender, J.C. (2008). "Can Simon's Notion of 'bounded Rationality' Give Us New Ideas About Leadership?" *Leadership,* 4(1),95-109

Saunders, M., Lewis, P., & Thornhill, A. (2007). *Research Methods for Business Students* (4th ed.), Inglaterra, Pearson Education Limited

Sosik, J.J., Potosky, D., & Jung, D.I. (2002). 'Adaptive Self-regulation: Meeting Others' Expectations of Leadership and performance", *Journal of Social Psychology,* 142(2), 211-32

Stogdill,M. R.(1974). *Handbook of Leadership: A Survey of Theory and Research.* New York: The Free Press.

Svensson, G., & Wood, G. (2006). "Sustainable components of leadership effectiveness in organizational performance", *Journal of Management Development,* 25:6, pp.522-534

Trautmann, K., Maher, J.K., &d Motley, D.G. (2006). "Learning Strategies as predictors of transformational leadership: the case of non profit managers", *Leadership & Organization Development Journal,* 28(3), 269 -287

Trochim, W.M.K. (2001). The Research Methods Knowledge Base (2nd Edition), Cinicinnati: Atomic Dog

Turner, J., & Mavin,S. (2007). "O que podemos aprender com as narrativas dos líderes seniores? The Strutting and fretting of becoming a leader", *Leadership and Organization Development Journal,* 29 (4), 376-391

Williams, H.W. (2007). "Caraterísticas que distinguem os Diretores Urbanos Excepcionais: Emotional intelligence, social intelligence and environmental adaptation", *Journal of Management development,* 27 (1), 36-54

Yeo, K. R. (2007). "Change In (ter) ventions to Organizational Learning: bravo to leaders as unying agents", *The Learning Organization,* 14 (6), 524-552

Yin, R. K. (2003). *Case Study Research: Design and Methods* (3thed.), Londres, Sage

Yokochi, N. (1989). "Leadership styles in Japanese business executives and managers: transformational and transactional", United States International University, San Diego

APÊNDICE 1

INQUÉRITO POR QUESTIONÁRIO SOBRE O SIGNIFICADO DA LIDERANÇA PARA OS INDIVÍDUOS NO POLITÉCNICO DE TAKORADI

OBJECTIVOS DO QUESTIONÁRIO

O objetivo desta investigação é explorar:

- O significado da liderança para os indivíduos no Politécnico de Takoradi,

- E explorar as várias formas como os indivíduos acima referidos caracterizam a liderança: baseia-se no que os líderes são (traços), fazem (comportamento) e como o fazem (estilo)?

Obrigado por ter aceite participar neste estudo sobre os indivíduos no Politécnico de Takoradi.

Esta investigação tem fins puramente académicos e o objetivo deste questionário é recolher dados e não associar os dados a quem os fornece.

Por conseguinte, é ético que todos os inquiridos permaneçam anónimos, que todas as respostas sejam confidenciais e que os resultados deste inquérito sejam apresentados num formato agregado.

No entanto, se preferir não responder a alguma pergunta, pode optar por fazê-lo, mas indique a sua recusa em vez de deixar um espaço em branco.

Faça um círculo à volta do número da escala que melhor corresponde à sua opinião sobre liderança.

As suas escolhas devem ser sinceras, pois não há respostas certas ou erradas - o objetivo é apenas recolher as opiniões das pessoas para fins de análise.

	Item do questionário	Muito forte	Moderadamente forte	Adequado	Moderadamente fraco	Muito Fraco
la. ou lb.	A liderança não é algo que se possa aprender, as pessoas nascem líderes; faz parte do carácter de cada um. A liderança é tanto uma questão de nascer líder como de aprender a tornar-se um líder.	5	4	3	2	1
2.	Liderança significa a posse de certas qualidades únicas como: auto-confiança, honestidade, coragem, perseverança, credibilidade, carisma, capacidade de comunicação, inteligência e criatividade, que permitem assumir a responsabilidade em benefício dos outros.	5	4	3	2	1
3.	A liderança tem a ver com a capacidade de visualizar um futuro melhor e de inspirar, influenciar, motivar e capacitar os outros para trabalharem no sentido de atingirem objectivos realistas.	5	4	3	2	1
4.	A liderança consiste em estabelecer a direção futura de uma	5	4	3	2	1

	organização, definir funções, motivar e orientar os outros para que produzam o melhor trabalho possível para atingir os objectivos organizacionais, sem se preocupar com quem fica com os louros.						
5.	Incentivar o moral elevado, o espírito de envolvimento, a cooperação, a vontade de trabalhar e o reconhecimento das expectativas das pessoas no trabalho, é liderança.		5	4	3	2	1
6.	O início e a manutenção de uma estrutura para a eficácia operacional e a gestão de uma organização, bem como o início de uma estrutura para interações formais numa organização, são questões de liderança.		5	4	3	2	1
7.	Liderança significa fazer a diferença, criar mudanças positivas e dar um impulso que crie uma atmosfera de mudança		5	4	3	2	1
8.	A tutoria, ou seja, o ato consciente de um indivíduo que procura orientar e apoiar o desenvolvimento de outro para alcançar um melhor desempenho, é definitivamente liderança.		5	4	3	2	1
9.	Liderança significa adquirir poder ou ter poder conferido em		5	4	3	2	1

	virtude da sua posição, que é usado unilateralmente para tomar decisões, determinar políticas e estabelecer sistemas e estruturas						
10.	Durante as crises, quando um indivíduo é considerado como uma pessoa altamente dominante que é empática às necessidades críticas de um grupo; é uma manifestação de liderança?		5	4	3	2	1

APÊNDICE 2

QUESTIONÁRIO DE ENTREVISTA SEMI-ESTRUTURADA SOBRE O SIGNIFICADO DE LIDERANÇA PARA OS INDIVÍDUOS NO POLITÉCNICO DE TAKORADI

O objetivo desta investigação é explorar:

- O significado da liderança para os indivíduos no Politécnico de Takoradi e para
- Explorar as várias formas como os indivíduos acima referidos caracterizam a liderança: baseia-se no que os líderes são (traços), fazem (comportamento) e como o fazem (estilo)?

Obrigado por ter aceitado ser entrevistado e participar nesta investigação sobre a forma como os indivíduos entendem a liderança. Esta entrevista destina-se a fornecer ao investigador informações e explicações aprofundadas, por parte dos inquiridos, sobre algumas das respostas ao inquérito por questionário que foi administrado como prelúdio desta entrevista.

Todas as discussões relacionadas com esta entrevista, por uma questão de ética, serão confidenciais e todos os entrevistados permanecerão anónimos. Além disso, os resultados desta interação serão apresentados de forma agregada e utilizados apenas para fins académicos; a sua autorização será solicitada e obtida antes de qualquer informação lhe poder ser atribuída. No entanto, deve ser reiterado que tem a opção de responder ou recusar-se a responder a qualquer pergunta que lhe seja feita e que pode, a qualquer momento durante a entrevista, solicitar a interrupção da entrevista, que pode durar entre uma hora e uma hora e meia. Também é necessária a sua autorização para gravar eletronicamente esta entrevista e também tem de ler o formulário de consentimento informado, mas não terá de o assinar porque a entrevista é anónima, no entanto, um consentimento verbal é suficiente para esta entrevista.

GUIA DE ENTREVISTA

O significado da liderança para os indivíduos no Politécnico de Takoradi

Instrução: Selecione duas respostas de A a E

PRIMEIRA PERGUNTA

1. *O que distingue os líderes dos não-líderes?*

a. Os líderes parecem ser mais dotados de caraterísticas únicas, como a inteligência.

b. Possuem uma boa personalidade (como carisma, auto-confiança, coragem, criatividade e perseverança).

c. São mais honestos.

d. São fiáveis.

e. Outros (explicar).

• Sondar: Pode dizer especificamente como é que os líderes adquirem estas caraterísticas e personalidade únicas que os distinguem dos não-líderes?

• Se a resposta for que nascem com elas ou que as aprendem, peça-lhes que identifiquem as caraterísticas com que os líderes nascem e como é que essas qualidades se manifestam.

PERGUNTA 2

Considera que a liderança é algo que se pode aprender?

a. Os líderes podem ser criados através do ensino formal, da leitura de textos, da aprendizagem de papéis, comportamentos e acções de liderança.

b. Pode-se aprender a ser um líder através da experiência pessoal de liderança ou através da aprendizagem pela ação e da observação de líderes e práticas de liderança bem sucedidos.

c. O facto de aprender com as primeiras experiências de vida ou com experiências e acontecimentos pessoais passados contribui para a formação de líderes.

d. Através da aprendizagem das autobiografias publicadas (ou seja, histórias de vida) de alguns líderes, a liderança pode ser aprendida.

e. Outros (explicar)

• Pergunte se a liderança pode ser aprendida, deixe-os dizer o que aprendem, como aprendem e o impacto do que aprendem na liderança.

PERGUNTA 3

Diria que a liderança consiste em liderar e gerir a mudança?

a. Os líderes dão orientações para estimular e motivar continuamente os subordinados a manterem o foco na realização dos objectivos organizacionais.

b. Reestruturam as organizações para se adaptarem e responderem às mudanças nos seus ambientes externos e internos.

c. Proporcionam uma liderança multidimensional, como a liderança empresarial e a liderança transformacional, reformando ou revolucionando as operações e a gestão das organizações.

d. Tomam iniciativas proactivas para evitar quaisquer dificuldades que possam desestabilizar os objectivos visados.

e. Outros (explicar)

• Sondar: Pode dar razões específicas para que a gestão da mudança seja importante para a liderança?

PERGUNTA 4

A liderança consiste em saber como conduzir as pessoas para *gerar o seu empenhamento, satisfação no trabalho, elevado desempenho e através da utilização de métodos de liderança adequados?*

c. Porque as pessoas devem ser conduzidas de acordo com o seu contexto cultural.

d. Porque a liderança deve ter em conta a idade dos liderados.

e. Porque a liderança é eficaz quando as preferências dos diferentes géneros são tidas em consideração.

f. Porque a liderança é apreciada pelos subordinados quando se baseia numa abordagem relacional (ou seja, liderança interactiva, que comunica com os subordinados e os envolve).

g. Outros (explicar)

• Sondar: Quais são alguns dos exemplos que pode dar para ilustrar estes métodos adequados de liderança, que os líderes devem conhecer para liderar as pessoas de modo a gerar o seu empenho, satisfação no trabalho e elevado desempenho?

• Sondar: Estes métodos apropriados que identificou têm alguma coisa a ver com as preferências dos diferentes géneros, com o modo de liderar, com os diferentes grupos etários, com a cultura, com as situações e com a forma como os líderes o fazem?

• Sondar: Podes referir algumas das vantagens e desvantagens destes métodos (caso existam)?

• Sondar: Pode dar-me exemplos de outras formas de liderança que não se limitem a liderar pessoas?

PERGUNTA 5

Qual é a sua opinião sobre a afirmação de que a liderança tem a ver com a definição de objectivos de desempenho e com a ajuda aos que se esforçam por atingir esses objectivos?

a. Os líderes fornecem orientação aos subordinados para melhorar a sua

Desempenho.

b. Os líderes criam recompensas contingentes para os seus subordinados, aplicando regras e regulamentos para evitar erros e desvios dos níveis de desempenho aceites.

c. Permitem que os seus seguidores utilizem o seu poder discricionário para atingir os objectivos de desempenho sem controlo ou supervisão e só intervêm quando surgem problemas.

d. Os líderes devem satisfazer as expectativas das pessoas no local de trabalho, a fim de suscitar a sua lealdade e aumentar o seu desempenho, reduzindo assim a rotação dos trabalhadores (ou seja, a taxa de abandono do emprego).

e. Outros (explicar).

• Sondar: Pode explicar exatamente como é que os líderes dão orientação, ou como ensinam e ajudam os seus subordinados a atingir os objectivos de desempenho.

PERGUNTA 6

A liderança pode ser compreendida ou explicada a partir da forma como os indivíduos a vivenciam?

a. Como resultado de experiências positivas de comportamentos, acções e funções de liderança.

b. Da capacidade dos líderes para criar confiança, credibilidade e permitir que os subordinados actuem e contribuam para o desempenho organizacional global.

c. Através do reforço da auto-eficácia, da satisfação e da motivação dos subordinados e da partilha com eles dos louros de todas as realizações.

d. Da contribuição de um determinado líder para uma identidade que ele/ela quer conscientemente retratar-se como sendo.

e. Outros (explicar)

• Sondagem: pode dar-me exemplos de como se pode sentir e percecionar a liderança a partir das suas próprias experiências de liderança, e a natureza dessas experiências (são sempre positivas ou também podem ser negativas)?

PERGUNTAS ABERTAS

PERGUNTA 7

Porque é que a criação de uma visão para o futuro de uma organização é um elemento importante da liderança?

• Sondar: Consegue descrever como é uma visão que um líder concebe, dando exemplos?

PERGUNTA 8

Considera que a liderança é um papel simbólico, porquê?

• Dê exemplos do que a liderança simboliza, se for esse o seu ponto de vista, ou indique até que ponto a liderança é real ou abstrata, dando exemplos da vida real.

PERGUNTA 9

Como é que a liderança é um aspeto importante das várias técnicas de coordenação e controlo das organizações para aumentar o desempenho?

• Sondar: Dê exemplos de como os líderes estão preocupados com a realização das actividades acima referidas.

PERGUNTA 10

Como é que as práticas e os comportamentos de liderança afectam tanto as organizações como os indivíduos que as integram?

• Sondar: Diga exatamente o que gosta ou não gosta na liderança e explique por que razão os comportamentos ou acções negativos da liderança estão ameaçados nas organizações modernas?

• O que é que se pode fazer, precisamente, para eliminar ou minimizar o impacto negativo da liderança nos indivíduos e nas organizações?

PERGUNTA 11

Liderança é o mesmo que gestão?

- Sondar: Em que é que a liderança é diferente da gestão?

PERGUNTA 12

A liderança é sermos nós próprios, agirmos e comportarmo-nos de acordo com os valores em que acreditamos e que defendemos como verdadeiros, como resultado da experiência e não porque queremos impressionar os outros, ou obter recompensas e evitar castigos através da pretensão, como?

- Sondagem: Pode explicar (com exemplos) especificamente por que razão os líderes não podem liderar pessoas com base apenas nos valores dos líderes e por que razão é necessário que os líderes tenham em conta os valores dos seus subordinados e das organizações quando lideram?

MIX
Papier aus verantwortungsvollen Quellen
Paper from responsible sources
FSC® C105338

Printed by Books on Demand GmbH, Norderstedt / Germany